基金来源：贵州师范学院校级课题博士项目（批准号：2023BS001）

社会财富与共同富裕

刘陈姣 | 著

SPM 南方传媒 | 广东经济出版社

图书在版编目（CIP）数据

社会财富与共同富裕 / 刘陈姣著. —广州：广东经济出版社，2024.7
ISBN 978-7-5454-9110-4

Ⅰ. ①社… Ⅱ. ①刘… Ⅲ. ①国民财富—研究 ②共同富裕—研究—中国
Ⅳ. ① F014.4 ② F124.7

中国国家版本馆 CIP 数据核字（2024）第 016783 号

责任编辑： 易　伦
责任校对： 李玉娴
责任技编： 陆俊帆
封面设计： 中尚图

社会财富与共同富裕
SHEHUI CAIFU YU GONGTONG FUYU

出版发行： 广东经济出版社（广州市水荫路 11 号 11~12 楼）
印　　刷： 炫彩（天津）印刷有限责任公司
（天津市宝坻区天宝工业区宝康道 5 号 -8）

开　　本： 787mm × 1092mm　1/16　　**印　　张：** 15.5
版　　次： 2024 年 7 月第 1 版　　**印　　次：** 2024 年 7 月第 1 次
书　　号： ISBN 978-7-5454-9110-4　　**字　　数：** 251 千字
定　　价： 75. 00 元

发行电话：（020）87393830　　编辑邮箱：gdjjcbstg@ 163.com
广东经济出版社常年法律顾问：胡志海律师　　法务电话：（020）37603025
如发现印装质量问题，请与本社联系，本社负责调换。

序

在当前的学术界，许多青年学者主动去发现问题，并在认真学习、深入调查研究的基础上，大胆且系统地提出自己的看法和观点。如果我们不求全责备，就会发现他们的看法和观点中有许多可圈可点的地方。如果这些青年学者能够进一步在实践中锤炼、在理论上完善，将来完全有可能大有建树。

最近，我在工作繁忙之余，抽时间一口气读完了刘陈姣博士的新作《社会财富与共同富裕》。她把书稿发给我，一是希望我能给她提一些指导和修改意见，二是希望我能给她的书稿写一篇序。我斟酌再三，对书稿提出了一些修改意见，并书面告知作者本人，另外想在此分享几点对书稿的看法，供读者在阅读时参考。

一是作者选择了一个新视角来讨论旧话题。古今中外对财富的论述有很多，财富的概念在不同时代、不同地域、不同社会环境下有着不同的形态和分类，而且在不断发展变化。无论是从经济学还是从社会学的角度来看，如果能把与财富相关的一系列现象理解清楚，许多社会经济问题也就能迎刃而解。在当今社会贫富差距日益加剧的背景下，重新审视社会财富这一话题，对积极探索共同富裕的方法和路径具有巨大的现实意义和深远的历史意义。

二是作者在系统研究西方经济学的基础上，去粗取精、去伪存真，批判性地吸收了西方主流和非主流经济学中合理、有用的成分，结合中国经济实际情况，实事求是地分析我国经济中存在的问题，客观地提出自己的观点，这实属不易。

三是作者系统地阐述了社会财富从生产、分配、交换到消费的全过程，全面分析了整个社会生产与再生产过程中存在的问题。从财富的角度看经济，从经济的角度看社会，从社会的角度谈政治，既有传统理论的传承，也有观点的创新，为解决社会经济问题提供了新的思考路径。

四是作者把社会财富的创造、分配与就业、创业有机结合在一起，在突出“就业是民生之本”这一主题的同时，全面分析了就业在经济社会发展过程中的重要性及面临的问题和困难。作者不仅提出了问题，还给出了解决问题的举措和方法，为社会创造更多的财富、满足广大人民群众对美好生活的向往提供了一定的理论解释。

五是作者从社会财富分配的角度出发，积极探索实现共同富裕的现实路径。作者通过理性地分析我国三次分配政策的社会实践，在总结成功可取的经验、找出存在局限的基础上展开理论探讨，得出实现共同富裕的一般可行路径。这一基于中国实践的理论探索，对我国力争实现在共同富裕方面向世界提供中国经验和中国方案具有现实价值。

尽管作者提出的一些理论问题还需要进一步研究和完善，但作为一名年轻的理论工作者，能有如此见解已是难能可贵。

我期待作者和更多的青年理论工作者勤于实践、勤于思考、勇于创新，为人类社会的健康发展增光添彩！

易定红

（作者系中国人民大学劳动人事学院教授，博士生导师）

前　言

财富是社会群体生存的依赖，其分配是否合理关系到人们对社会公平的信仰，关系到社会稳定，关系到下一轮“生产—再生产”循环。无论是从经济学的角度还是从社会学的角度看，探讨和研究财富都是理解目前诸多经济社会现象的重要途径。

对于财富，不同的学科有不同的理解。经济学认为：财富不单指人类的财富，而是人类经济运行的成果，即社会财富。社会财富的本质是人类劳动的产品，这一劳动产品必须具有对人有用的使用价值。

经济学将社会财富定义为：社会财富是劳动者在生产过程中创造的、对人有使用价值的劳动产品。

经济学不仅是一门研究财富的学科，也是一门研究人的学科。有观点认为，经济学研究的着力点是人类活动的动力和阻力，两者都能用货币来衡量，但仅限于衡量动力和阻力的“数量”，无法衡量动力和阻力背后动机的“质量”，即无法分辨动机是高尚的还是卑鄙的。所以，经济学研究人的经济活动时，不仅要研究人在日常生活事务中的活动、思想等，更要研究日常生活中对人的行为最有影响力、影响力最持久的动机。

经济学常常寻求那些不受个人特性影响的、广泛的、具有普遍意义的结果，比如对于单位财富，经济学的研究结论是“对于不同的人，其效用也不相同”。举个例子：同样是1元钱，对不同的人带来的动力是不一样的，从量化的角度看，结果应是带给穷人的动力要比带给富人的动力大。英国著名经济学家阿弗里德·马歇尔说："看一下莱斯利的一篇令人钦佩的论文《金钱的爱好》。我们的确听到有人是为赚钱而赚钱，却不管钱有什么用处，在商场里度过一生的人尤其如此。但是，和很多情况一样，一个人做一件事情的目的消失后，习惯仍然还会保留着。占有财富使这种人感到比别人有钱有势，并使他们受到人们的尊敬和羡慕，因此他们会感到一种辛苦而又强烈的愉快感。"[①]是的，当一个人拥有的货币数量多到一定程度时，那些货币在他们眼中就只是一种符号或一组数据，多一点或者少一点已不是他们关心的，他们只想在数值增长的过程中得到某种满足。

经济学家们曾经问道：在近代社会中，是什么影响了整个社会？是财富的消费与生产、分配与交换，还是贸易组织与工业市场、金融市场？是批发、零售业与对外贸易，还是雇主与雇员之间的关系？这一切活动如何相互关联、相互影响、相互作用？它们的终极倾向和目前的倾向有什么区别？去寻找这些问题的答案，也许是一个研究社会财富很好的出发点。

如果我们想当然地认为只要比较平均地分配财富，就可以解决诸多社会问题，那么就会得出这样一种结论：合理地改变财产分配制度或者限制企业自由不会减少财富总数。换句话说，增加穷人的收入并减少他们的工作量即可，而不必顾及国家的物质财富是否会减少。但是，这样做真的公平合理吗？纳税负担在社会不同阶层中又该如何分配？怎样做才算公平合理？

社会财富能否增加不仅取决于生产和积累是否持续，也取决于分配是否合理，而社会财富的分配方式又决定了社会财富的有效性和使

① 阿弗里德·马歇尔：《经济学原理》，廉运杰译，华夏出版社，2005，第18页。

用效率。

最早研究财富的学者色诺芬和亚里士多德认为，财富来自农业劳动，表现为各种各样的劳动产品。其中亚里士多德认为，农业劳动是取得财富的正当方式，而有酬劳动、商业和高利贷是不正当的方式。在封建社会早中期，人们的视野受自然经济的限制，仍然普遍地认为财富的主要来源是农业。到了封建社会末期，在商品交换蓬勃发展的情况下，重商主义者以货币为财富，因而他们只关注流通领域，认为财富来源于对外贸易的不等价交换所产生的让渡利润。到封建社会后期，重商主义者提出，财富来自“商业劳动和工业劳动”。正如英国经济学家斯图亚特所称，绝对利润这种财富是由劳动、勤勉和技能的增进产生的。

欧洲19世纪的经济学家普遍认为社会财富是在生产过程中由劳动产生的。在这个问题上，我的看法有些不一致。社会财富应该是人类劳动和自然产物的总和，而自然产物是无论人类有无需求都客观存在的，但人类应该顺应客观自然规律来使用自然产物，遵从某个“度”，否则就会受到自然界的惩罚。这样的教训太多了：草原原本是大自然赐予人类的巨大财富，但人类贪婪成性，过度放牧，造成草地退化、土地沙化、气候变差（少雨多旱）；森林本是净化空气、涵养水源的最佳场所，如能合理利用，将给人类带来巨大福祉，但人类过度砍伐，导致无林可依、无木可用，水土流失严重，气候失常，洪涝、干旱、泥石流灾害频发……看似天灾，实乃人祸。

从理论上讲，人们的生活必需品绝不是一个固定并且确定的数量，而是不断变化的，且变化很大。英国人口学家、政治经济学家马尔萨斯通过对历史事实的研究证明了这一点。关于劳动的供给，马尔萨斯认为，每一个有着可靠历史记载的民族都生育繁多，如果不是受缺少生活必需品或其他原因（如疾病、战争、杀死婴儿、自愿节制等）的遏制，人口的增长就会迅速而持续。关于劳动的需求，马尔萨斯指出一个事实——到他著书的时候为止，还没有一个国家（除了罗马或威尼斯那样的城邦）在其人口变得非常稠密之后，仍能得到丰富的生活必需品供给。马尔萨斯还证明，截至他那个时代，人口密度迅速增加并没有引起有效需求等比例增加。

过去发生的事情将来还可能发生。人口的增长会受到贫困或其他因素的遏制，除非我们采取自愿节制的方式加以阻止。

经济形势的发展使人口学说发生了变化。20世纪上半叶之前，英国经济学家过高地估计了人口增长对生活资料产生的压力，马尔萨斯也没有预料到蒸汽机给生产带来的巨大进步使英国人能以较少的费用得到世界上最肥沃的土地及其生产物。①

在上述理论的基础上，我衍生出一些自己的想法：一切经济活动的终极目的都是创造和增加社会财富，并通过各种努力尽可能多地占有社会财富的份额，由此推动了人类社会的物质和精神产品的生产和交换。所以，研究经济就应从研究社会财富的创造、分配和积累入手。

对于社会财富，人们争论的焦点在于：财富最主要的价值是使用价值还是交换价值？支持“财富最主要的价值是使用价值”这一观点的有色诺芬、亚里士多德、马尔萨斯和重农学派等——在以自然经济为主的社会，人们坚持财富就是物质财富的看法。随着商业的发展，很多人认为财富是由货币和金银构成的，被赋予交换价值的货币和金银才是财富，所以“财富最主要的价值是交换价值”成为重商主义者的观点。但是，在经济实践中，人们发现从货币角度出发追求财富并

① 阿弗里德·马歇尔：《经济学原理》，廉运杰译，华夏出版社，2005，第156页。

不能使一个国家致富，因此，人们考虑的重点又回到了“使用价值”上。马克思对前人的研究成果进行了批判性继承，在此基础上形成了科学的财富理论。他将财富理解为社会财富，并将社会财富归结为劳动产品。这样看来，马克思政治经济学研究的财富是指劳动者在生产过程中创造的对人有使用价值的劳动产品。但是，如果仅仅把社会财富的获得归结于人的功劳，忽视了自然界的作用，那么必然导致人与自然之间关系紧张，经济的可持续发展便无从谈起。

研究经济学应该将出发点和落脚点都放到社会财富的创造上，因为社会财富才是衡量社会富裕程度和人们生活水平的核心。

马克思和恩格斯在《共产党宣言》中指出，无产阶级夺取政权后，必须在大力发展生产力的基础上，逐步进行社会改造，进而消灭阶级对立和阶级的存在条件，实现每个人的自由发展。

社会的发展是有阶段性的，它在不同时期有不同的特征和不同的发展模式，而当经济社会发展到一定程度时，共同富裕就会被提上议事日程，这是必然的。

共同富裕是社会主义的本质要求。中国共产党深刻认识到贫穷不是社会主义，贫富悬殊也不是社会主义，要带领全国人民坚定地走中国特色社会主义道路，让广大人民群众在社会进步中获得幸福感、安全感，让人民过上好日子。

随着我国社会主要矛盾已经转化为人民日益增长的美好生活需要与不平衡、不充分的发展之间的矛盾，共同富裕成为解决新时期我国社会主要矛盾的法宝。要实现共同富裕，不仅要把社会财富这块“蛋糕”做大、做好，还要把“蛋糕”切好、分好，既显示社会公平，又兼顾社会效率，确保社会主义现代化建设朝着健康的、正确的方向前进。

共同富裕是中国式现代化的重要特征。实现现代化是为了创造更多的社会财富，用社会财富去造福全国人民。中国共产党带领全国人民开展脱贫攻坚行动、推进区域协调发展、实施城乡一体化、建立完善的社会保障体系，都是为了推动共同富裕。

发展是为了人民，共同富裕也是为了人民，只有人民分享了经济社会发展的成果，中国式现代化道路才能越走越宽、越走越稳。

目 录

— CONTENTS —

第一章　社会财富的生成与形态探讨

由于研究的角度不同，研究者对社会财富的定义有不同的表述方式，但多数都是从经济学的角度进行阐述。

克拉克对于财富给出了这样的定义：所谓“财富”，是指人类福利的来源，即能转移的、数量有限的原材料等。[①]他解释了进行生产需要投入的人工、材料等各要素之间的相对平衡状态。

克拉克认为，在劳动力市场的角逐中存在着一条自然法则，该法则把社会总收入分为工资、利息、利润三大部分，分别指劳动的收益、资本的收益及由劳动的雇主和资本的使用者完成的某种协调过程的收益。就现实生活中的个人财富而言，当工资收入的增长与物价指数的增长持平时，个人财富在消费不变的前提下不增不减，只在两种情况下个人财富会增加——工资增幅高于物价涨幅，或个人消费减少（节俭）。

对财富的永恒追求是人类社会存在和发展的动力源泉，也是人类活动的动因。社会发展的目的是满足人民群众的物质生活和精神生活需要，而财富是人类生存、生产、生活和发展的物质基础。人类社会的终极问题之一是社会财富的生产和分配问题。无论在哪个国家、哪个朝代、哪个社会，这一问题始终存在。财富的积累、占有和分享过程都是财富发挥作用的过程。

---

① 约翰·贝茨·克拉克：《财富的分配》，王翼龙译，华夏出版社，2008，第1页。

尽管在经济学的很多著作中都提到“财富”这一词汇，但是对于财富的具体定义，经济学家们却没有统一的观点。古希腊的学者色诺芬最早给财富下了定义，他认为，对占有者有利用价值的东西，比如土地、牲畜等即为财富。这一定义仅将财富归结为具有使用价值的东西。之后，亚里士多德提出，财富是属于家庭和国家的、经过加工的丰富的物质。这一定义似乎也不完善——难道自然财富就不是财富了吗？在我国，“财富”一词于两千多年前就出现了。《史记·货殖列传》中有云：布衣匹夫之人，不害于政，不妨百姓，取与以时而息财富。《华严经·离世间品》中也提到了“财富”一词：所谓不著味，不著欲，不著财富，不著眷属。马克思在巨作《资本论》中指出：资本主义生产方式占统治地位的社会财富，表现为“庞大的商品堆积”，单个商品表现为这种财富的元素。马克思还指出：不论财富的社会形式如何，使用价值是构成财富的物质内容。英国著名经济学家戴维·皮尔斯主编的《现代经济学词典》中对财富下的定义是：任何有市场价值并且可用来交换货币或商品的东西都可被看作财富。它包括实物与实物资产、金融资产，以及可以产生收入的个人技能。当这些东西可以在市场上换取商品或货币时，它们被认为是财富。在现代社会，人们所认为的财富就是人类所必需的，具有有用性和效用性的东西，它包括社会存在与发展所需要的物质产品、精神产品与劳务。财富可以分成两种主要类型：有形财富，指资本或非人力财富；无形财富，即人力资本。《现代经济学词典》中的定义是西方经济学对财富的一个典型定义。在最新修订的《辞海》中，“财富”一词的词意是“具有价值的东西”。

财富具有历史性，它随着人类发展历史的变化而变化。同时，财富又具有社会性，它涉及人类社会活动的方方面面。政治经济学研究的财富是指人类经济运动范围内的财富，即社会财富。全体居民财富的总和称为社会总财富。社会财富是劳动者在生产过程中创造的、对人有使用价值的劳动产品，是进入社会生产、生活领域的具有交换价值和使用价值的物质，包括自然资源、劳动产品和知识技术产品等各种形式。社会财富强调财富的社会性，财富的社会形式对财富的运动有着决定性作用。在社会财富的合理性方面，需要关注三个问题：一是社会财富的创造过程是否符合人类社会的消费需求；二是社会财富的积累是否符合原创原则；三是社会财富的分配是否合理。

约翰·肯尼斯·加尔布雷思称，最好的经济体系，必然能够最大程度地满足人们的多种需求。我们可以认定，经济学的基本功能，就是为个人服务的过程，即利用具有不同用途的有限的生产资源去满足既定的目标。[①]

约翰·康芒斯发现，在“财富”的含义上，人们持有两种相互矛盾的观点，一方面认为财富是一种物质，另一方面又认为它是这种物质的所有权。就无形财产的现代含义而言，所有权意味的是为了维持价格而限制丰裕度（物质的丰富程度）的权力。而当财富被认作一种物质时，则可以通过生产效率的提高（有时甚至是生产过剩的效率）来增加物质的丰裕度。[②]

经济体系能够适应或最大限度地满足人们的愿望，实质上是运用了现有的社会财富，经过创造或再创造，使之变得更加丰富且更适应人对物质财富的需求。

---

① 约翰·肯尼斯·加尔布雷思：《经济学与公共目标》，于海生译，华夏出版社，2010，第4页。

② 约翰·康芒斯：《制度经济学（上）》，赵睿译，华夏出版社，2009，第5页。

在康芒斯看来，财富的产生是有条件的：过剩的产品就是“虚幻的财富”。换句话说，与财富相关的不是商品的使用价值，而是它们的交换价值。由此得出，只要非生产的阶级不要生产得太多，他们就的确生产了财富……“虚幻的财富”是资产，而非财富。①

他还称：“法律保护劳动者的劳动物质成果为他自己独自使用和拥有，这是针对世界上所有人的保护。这是物质的、殖民时代的或者农业时代的有形财产的概念。”“他的劳动者一直是有形财产的个人所有者，他的商品总是个人所有的，他的国家财富是个人财富的总和。因此，他让财富具有物资及其所有权的双重意义。”②

鉴别某种物品是财富还是非财富，最为简单直观的方法是看该物品的储备量的增加或减少能否让人们的境况更好或更糟。

商品交换环节的增加、销售链的延伸使得商品的最终效应价值不断攀高，形成商品的虚假价值。虽然销售过程的延长促进消费，但商品的最终效应价值高于实际效用会使得交换的价值平衡打破，对流通和交换造成负面影响。如克拉克所言，小组之间的某种失衡给经济的正常发展埋下病根。

在人与自然之间有一条相互作用的分界线。在分界线的一侧是市场价值等现象，另一侧是决定价值的消费规律。

市场价值是一种社会现象，而决定价值的最终效用原理具有普遍性。

---

① 约翰·康芒斯：《制度经济学（上）》，赵睿译，华夏出版社，2009，第 136 页。

② 约翰·康芒斯：《制度经济学（上）》，赵睿译，华夏出版社，2009，第 173—174 页。

第一节　社会财富的原始形态及其保护

一、自然资源存在的客观性

按创造过程来分类，财富可分为自然财富和人化财富。最原始的财富都属于自然财富，现在称之为资源。在人类还不具备创造能力时，一切财富都源于自然。自然财富又可分为可再生性财富（植物、动物、瓜果等）和不可再生性财富（矿山、石油等）。在人类社会发展进程中，随着生产工具和生产方式的进步，自然财富渗透进人类的活动，尤其是在当今社会，地球上处处都存在人类社会活动的痕迹，自然财富被烙上了人类活动的印记，成为人化财富。

人类对自然资源的认识是一个渐进的过程，是在尝试中一步一步积累起来的。例如在需要用野生果子充饥的时期，果子能吃还是不能吃，好吃还是不好吃，都是人们试出来的。中国古代的“药圣”李时珍在写《本草纲目》时，许多中草药的药性是他靠亲自品尝、亲自体验而得知的。总是有“第一个吃螃蟹的人”和后继者去探索新的自然资源，他们取得的经验被归纳、总结、传承，从而使得自然资源得以被人利用。

自然资源是一种客观存在，从理论上讲，它们都是在不断运动和变化的，只是运动的方式、变化的速度不一样而已。植物（包括果实）按一定的时间周期生长更替，而动物除了按一定的时间周期更替外，还能够活动肢体和移动位置——无论是何种动物，都不可能永远保持同一种姿态在原地不变。相比之下，矿物的变化速度很慢，有些矿物的形成往往需要几万年甚至几亿年的时间，如金属矿、煤炭、石油等。由于人类寿命短暂，几乎看不到它们的变化，也无法等到它们再次出现，所以常常称它们为“不可再生资源”。但从很长远的周期来看的话，矿产资源也是可再生的，只是相对于人的寿命，那个周期实在是太长了。

自然资源在地球上是客观存在的，它不以人们的意志为转移。有一些自然资源尚未被人们发现，或者即便被发现了，但由于各种原因没有被人们利用，其使用价值尚未体现。这并不意味着这些自然资源没有使用价值，更不意味着它们不存在。

需要强调的是，自然资源本应是人类社会的共同财富，但由于国家的存在，自然资源被贴上了“国家专属”的标签——在某一国家范围内的自然资源属于这个国家，是该国家全体公民的共同财富，不属于其他国家。

二、自然资源的归属问题思考

按照《联合国宪章》的规定，国家无论大小，主权平等。各国的自然资源都是自己国家主权的一部分，因而各国的自然资源具有独立性，是神圣不可侵犯的。但在现实世界中，有的军事和经济强国——特别是曾经在殖民主义时期尝到掠夺他国财富甜头的老牌帝国主义国家，总是想方设法寻找各种理由去侵占别国的领土，掠夺别国的自然资源。

在我国，自然资源的归属是有明确法律界定的。《中华人民共和国宪法》规定，矿藏、水流、森林、山岭、草原、荒地、滩涂等自然资源，都属于国家所有，即全民所有；由法律规定属于集体所有的森林和山岭、草原、荒地、滩涂除外。城市的土地属于国家所有。农村和城市郊区的土地，除由法律规定属于国家所有的以外，属于集体所有；宅基地和自留地、自留山，也属于集体所有。

自然资源的归属问题不难明确。国家与国家之间应该相互尊重资源的专属性，在相互尊重、相互平等、相互协商的基础上进行互补性的交换或交易，以满足经济发展和人们生活的需要。在一国内部，首先，国家和集体要做好自然资源开发利用的规划，做到有效、科学、合理利用自然资源；其次，各类经济实体和个人要与国家、集体同步，既遵守法律法规，也遵守相应的规划方案，做到有序、充分开发利用自然资源，切忌乱挖乱采、破坏生态，从而造成环境污染和资源浪费。

三、自然资源的保护和利用

要利用好自然资源，必须清楚地了解自然资源的四大基本特征：

一是自然资源数量具有有限性。自然资源的数量是相对固定有限的，而人类社会的发展需要无限的自然资源，因此两者之间存在矛盾。自然资源总有一天会枯竭，所以人类必须合理开发利用和有效保护自然资源，否则将自断生路。

二是自然资源分布具有不平衡性。无论是什么样的自然资源，其在地球上的分布的数量和质量情况存在着巨大的地域差异。有些可再生资源的分布有明显的地域分布规律，这与地球的公转和自转形成的气候带相关联，如森林和草原的分布；而有些不可再生资源的分布具有地质规律，如石油资源与地质构造紧密关联，一些金属特定存在于某些矿藏带上。

三是自然资源之间具有关联性。各个地区的自然要素之间在生态上存在某种关联，它们相互依存、相互作用、相互制约。一个典型的例子是我国北方的防护林。在森林资源遭到破坏的年代，我国西北部常年受到风沙侵袭，导致沙漠扩大，草地被覆盖，沙尘暴频发。后来我国开启了北方防护林种植工作。在防护林初具规模后，一部分沙漠变回了绿洲，使得北方尤其是西北部的自然环境得到了极大的改善。

四是自然资源的利用具有发展性。随着人们对自然资源的认识不断提高，坚持保护与开发利用并驾齐驱，这使得自然资源在经济社会发展中发挥的作用越来越大，使用的范围进一步扩大，使用的途径进一步增加。如森林不仅可提供木材，还可用于发展旅游业、林下养殖业。

在保护和利用自然资源方面，推广循环经济有利于实现自然资源利用与生态环境保护的高度统一。

对林场的树木有规划地进行间伐，既能保持树木资源的可持续性，又能把间伐的木材通过交易转化为财富以支持林场的正常运转，实现林场可持续发展。相反，如果乱砍滥伐，则会造成林地消失、水土流失、土壤沙化、山地石漠化。草地也是如此，过度放牧会造成草地退化、沙化。如果不注意保护，可再生资源也可能变成不可再生资源。

生态环境是一项系统工程。我们眼睛看到的树和草只是冰山一角，背后有一个更为庞大的生态系统——包括气候、土壤和水，影响到种植业、养殖业等多个方面，甚至影响人们赖以生存的物理空间以及社会财富的创造和积累。例如森林被破坏会导致森林的气候调节功能丧失，使台风、海啸、暴雨、干旱、洪水、泥石流等自然灾害频发，进而破坏人类生活的地区，让人们的财富损失。同样，如果不注意水资源的保护，那么将导致旱灾频发，土地龟裂、土壤沙化、粮食歉收甚至颗粒无收。

自然资源是财富，是宝物，但如果不加以保护和正确利用，那么宝物也可能会变成废物，甚至变成有害物。如在美国入侵伊拉克期间，大量油田被毁，大量的石油、天然气外泄燃烧，不仅导致大量的自然资源被浪费，还造成了严重的环境污染。

地球是人类共同的家园，那些破坏自然环境、自然资源的国家、地区或个人，在自然灾害发生时也无法独善其身。如果人类继续对自然资源进行不正当利用或肆意破坏，那么当地球不再适合人类居住时，一切财富都将灰飞烟灭。

第二节　社会财富的物化形态及其再生产

一、财物与财富

财物是财富的物化形态，财富由人们要得到的东西构成，能直接或间接满足人的欲望。

财物可分为物质财物和非物质财物。

物质财物包括有价值的有形物品，以及保证能够使用这些物品并从中获利的权利，或者是将来获得这些物品的权利。

非物质财物可分为两类：一类是内在的财物，即人自身的特长或能力。人的经营管理能力、专业技能以及从阅读和音乐中得到愉悦的能力都属于这一类。这一切人类内发性的能力，都属于“本能”的范畴，所以称为“内在的财物”。另一类是外在的财物，这类财物由对人自身有利的某种涉及他人的关系构成。封建社会的统治阶级向被统治者索取各种劳役和个人服务就属于这一类。

而对于个人而言，其所拥有的财物有两种：

第一种财物是私有财产权规定个人所有的物质财物，它们是可以转让和交换的。这些财物不但包括土地、房屋、家具、机器以及其他可以单独私有的有形物质，还包括股票、债券、抵押品以及其他持有的、可向别人索取货币或财物的契约。同时，个人所欠债务可被看作是负财富，必须从个人的财产总数中扣除，才能得出个人净财富。第二种财物是属于个人所有的但存在于个人之外，而且可直接作为获得物质财物手段的非物质财物。①

从财富的物质形态来看，个人财富不仅包括个人的一切活动和所得，还包括共同财富中个人应得的部分。另外，在其他情况相同的条件下，如果一个人居住的地方有较好的气候、道路等生活环境，那么，从更广义的财富定义上讲，他就比别人享有更多的个人财富。

从拥有者的角度来看，财富可分为社会财富和私有财富，但从更宏观的视角来看，所有的财富都应该属于社会财富。理由有四个：第一，随着社会发展，社会分工越来越细，任何物质生产过程都是社会合作过程；第二，物质生产的原材料或资源都具有社会属性，是社会共有的；第三，物质生产形成的产品，绝大多数是作为商品进行交易；第四，即使是亿万富翁，他们私有的财富通常只有两种结局——被消费转化或被留下作为遗产。无论是物质的还是精神的财富，越是内涵丰富、历史久远，社会化程度越高，因为其中往往包含许多人民群众的智慧，更具社会属性，古罗马斗兽场、威尼斯古城、中国长城等都是有力的例证。

从某种意义上讲，社会财富属于共同财富。康芒斯在其著作中指出，“约翰·洛克是十七世纪英国革命的产物，他建立了现代资本主义。”“这是以卡尔·马克思为巅峰的唯物主义经济学家的特点，他们把个人的意志削减到了仅仅是为了财富生产和获取。”“洛克的基本理论是一种有关‘个人认识论和价值论’的理论，即个体如何能够认识事物并评判其价值的理论；而我们的理论则是有关多个个体在所有交易活动中的联合行动和价值的理论。通过这些活动，参与者彼此相互

① 阿弗里德·马歇尔：《经济学原理》，廉运杰译，华夏出版社，2005，第47页。

诱导，以便在意见和行动上取得一致。”[①] 约翰·洛克用“劳动”这个单一概念把法学、经济学和伦理学联系在了一起，总结归纳出共同财富的经济意义始于它的政治意义。

二、理性看待财富与资本

对于资本的定义，现代经济学中比较一致的说法是指用于生产的基本生产要素，即资金、厂房、设备、材料等物质资源。在金融学和会计学领域，资本通常指金融财富，特别是用于经商、兴办企业的金融资产。广义上，资本是为人类所创造物质财富和精神财富的各种社会经济资源的总称。

资本一般被分为消费资本和辅助资本（或工具资本）两类。消费资本是能直接满足劳动者需求的有形的货物，如能维持劳动者生活的食物、衣服、房屋等。辅助资本是能在生产上为劳动者提供帮助的货物，如工具、机器、工厂、铁路、码头、船舶及各种原材料。

至于具体如何对资本进行分类，我们可以遵照穆勒对流动生产资料与固定生产资料进行分类的方法：消费资本使用一次，就完成了将它用于生产的全部任务，而辅助资本能够以持久的形态存在着，要经过相应的持久的年限才能还原为资本。

马歇尔说，“我们可以通过对这种工作的某些部分作一个简短的预测，以后我们便会知道如何从资本的使用中体现出总的获利，以及如何从资本的产生中体现出需要付出努力和节省的总成本，而且还会看到，这两个总数是如何趋于平衡的。在一个近代商人的眼中——至

① 约翰·康芒斯：《制度经济学（上）》，赵睿译，华夏出版社，2009，第15—28页。

少大部分是这样——它们会以货币形式来表现平衡。”“在资本的全部收益和成本上也有相似的平衡,这种平衡将是社会经济的主要基石。”[①]

社会财富的确认是一个难题，原因有两个：一是自然财富的总数难以确定；二是即使是经由人类加工所形成的财富，其表现价值也难以确定。社会财富的统计只能采用大数法则，因此它与资本既有相通之处，又有不同的界定。

克拉克认为：“资本的盈利能力是由资本最终增量的生产率决定的……在为数有限的几种情况下，消费资料的最终几个增量，都是由作为一个整体的商品构成的。我们买来了其中的一种，我们也就给我们的资本增加了一个最终增量。随着社会日益富足，资本货物不仅质量提高了，而且品种也越来越多样化……雇主竞争的是资本而不是资本货物。”[②]

我们应该高度关注资本的流向。资本的流向以投资周期来区分，可分为长线资本与短线资本。长线资本的平均收益率相对较好，短线资本的平均收益率具有不稳定性。常态下，资本从低收益商品生产领域向高收益商品生产领域流动。资本的流向又往往决定了生产工人的流向，生产工人会追求进入收益相对较高的生产企业，这种现象又带来生产资料的同步流向，最终影响产业发展；而且，只要消费不满足的情况仍然存在，这个现象就客观存在。

---

① 阿弗里德·马歇尔：《经济学原理》，廉运杰译，华夏出版社，2005，第 68 页。

② 约翰·贝茨·克拉克：《财富的分配》，王翼龙译，华夏出版社，2008，第 197—204 页。

三、社会财富的本质及基本表现形式

更多时候，我们追求财富并不是追求财富本身，而是追求财富给我们带来的使用价值。以货币为例，我们向自己所在的组织、单位提供劳务，组织、单位以货币形式发放劳动报酬（即薪水）给我们。这些货币本身对我们是无用的，它们的价值只在被用于满足我们对衣食住行的需求时才得以体现。伴随着现代科学技术的发展，我们在交易过程中可能会使用到电子货币，但究其本质与功能，与一般货币并无区别，也要通过交换才能体现自身效用。如果去到一个只有原始部落生活的孤岛，那里虽有由人构成的小型社会，但在这个社会中，金钱、货币、银行卡都是无用的。无论是美元还是其他任何一种货币，在那里都不能成为财富，因为货币的拥有者不能用之交换到对自己真正有价值的东西，也就是货币在这个社会里不具有使用价值。因此，究其本质，财富是具有使用价值的东西。《史记》有云："天下熙熙皆为利来，天下攘攘皆为利往。"这里的"利"实质上是指某种价值。我们可以对货币（金钱）进行合理、正当的追求，但又不能仅仅停留在追求上，在追求的同时也要使用它来进行交易，保证货币得以流通。

货币有五大职能：价值尺度职能、流通手段职能、支付手段职能、贮藏手段职能和世界货币职能。其中最基本的两项职能是价值尺度职能和流通手段职能。这五大职能的实现过程实际上就是商品转化为货币，然后货币又转化为商品的过程。价值尺度实际上是一种"标签"，可以将不同的物品量化，为货币的流通做准备。通过货币流通换取到自己所需要的物品，我们持有的货币才真正实现价值。同时，换回的商品对我们而言同样是一种财富，因为它可供我们使用。

在不同阶段，财富有不同的价值体现方式。其一，投入使用的财富，其价值在使用过程中得到体现，包括形成新的财富或满足了人的某种需求。其二，财富在交换过程中体现其价值。在自给自足的自然经济时期，人们可以通过物物交换获取自己所需的生活用品；在手工业和商业初期，商品生产仍然受到自然经济的约束，商品的扩大再生产受到制约；在资本主义商品经济时期，资本家进行商品交换并不是为了个人消费，而是为了获取利润，这为商品的扩大再生产和进一步交换提供了可能；现代社会中，商品被折算为货币，用币值来衡量其价值，使得价值的比较和交换更便捷。其三，财富的价值有时会在使用过程中逐步体现，而有时会被保存，“沉默”很长时间。如名人字画，其价值能在展示过程中体现，但更多的是在收藏过程中得以体现。又如我国民众对金、银等贵金属有较为深厚的情结，认为金、银是财富的象征，因此许多人收藏金、银等贵金属。这种收藏实际上是一种投资，是一种新的理财方式。这种“保存”的价值是伴随着消费者剩余出现的。什么是消费者剩余？就是消费者消费某种商品愿意支付的最高价格与商品的实际市场价格之间的差额，它是一种经济衡量。

哈里斯在《货币理论》一书中说：“一般物品的价值，不是依照其在满足人们基本需求方面的实际作用来估计的，而是依照生产它们所需要的土地、劳动和技能的比例来估计的。物品或商品几乎就是依照这个标准来估值和交换的。水有很大的用途，但通常价值很低或根本没有价值。因为在大多数地方，水是天然地大量存在的，不能纳入私有财产范围之内，大家都可拥有足够的水，除了需要支付管理和运输的相关费用外，没有其他费用；但另一方面，钻石是稀有的东西，尽管没有什么大用处，却因稀少而有很大价值。”①

① 阿弗里德·马歇尔：《经济学原理》，廉运杰译，华夏出版社，2005，第111页。

当我们谈论幸福和物质财富的关系时应该认识到：人们现有的财富只有通过使用才能产生幸福，而这种幸福包括拥有财富所产生的快乐，无论是富人、中产阶级还是穷人，都一样。

幸福指数与物质生活指数（满足程度）、精神生活指数（愉悦程度）、社会公平指数（合理程度）、生存环境指数（稳定、平安程度）相关，而其中的物质生活指数又与基本生存指数、基本生活指数、消费生活指数、比较生活指数相关。

基本生存指数高，意味着基本的人类文明需求（群居的条件、生存的区域和居住条件、起码的交通便利、生活必需品的获得与交换）的满足程度高；基本生活指数高，意味着基本的吃、穿、住、行、用等需求的满足程度高；消费生活指数高，意味着基本生活所含内容之外的其他消费（如娱乐消费、休闲消费、现代网络消费等）需求的满足程度高；比较生活指数则是考虑了国家之间、地区之间、城乡之间、民族之间、习俗之间的差异导致的需求差别。

提及幸福指数的原因有三：一是社会财富的创造和积累涉及大量幸福指数的相关内容；二是社会生产创造社会财富的目的就是要满足人们日益增长的物质文化需求；三是人们的物质文化需求包括物质需求和精神需求，因此社会财富包括物质财富和精神财富。在某种程度上，精神财富的使用周期和价值存在周期远远高于物质财富。

在现代社会，人类对社会财富尤其是物质财富的创造能力已达到惊人水平，人们的生存环境和生活水平得到极大改善，社会总财富和个人财富明显增加，人们对社会财富的内涵也有了新的理解。但我们仍要继续研究财富在创造、分配、积累中出现的新变化，探索处理社会财富的新方法、新机制，让法律、政策、制度更有利于社会财富的创造、分配、积累，更有利于人们物质文化需求的提升，推动社会的发展进步。

第三节 社会财富的精神形态及其占有形式

量子物理学、心理学、生物学和医学都有研究结果证明客观物质与精神意识都是以某种能量场的形式存在的，而且两者存在联系。人体的基本构成是细胞，细胞总是在不断生成，又不断死亡。有能量为这个过程提供动力支持。这股能量一方面支撑了生命的延续，另一方面又带来痛苦、喜悦、激动等一系列精神活动，而精神活动经过贮存、筛选、提炼、归纳之后形成了经验和教训，继而形成了某种精神财富。

历史上各种影响力深远的思想理论（包括各种宗教）都追求精神的富有而非物质的富有。在这些思想理论看来，对物质的追求只是一种出自维持生存的本能选择，但更高层次的追求应该是精神享受。这些思想理论也是精神财富，其价值体现在既能净化人类的思想意识，促进社会的和谐安定，又能转化为某些物质创造活动，促进社会经济健康发展——例如鼓舞人们努力奋斗，创造更多的社会财富。

优秀的文学作品、文化典籍都是人类宝贵的精神财富，它们是人类社会实践经验的总结和智慧创造的结晶，可以跨越不同的时代，对一代又一代人产生深远影响。如《道德经》《诗经》《史记》《唐诗宋词》《红楼梦》《本草纲目》等著作，时至今日依然能对我们的生产和生活产生积极的影响。

科学技术是精神财富的重要组成部分，它与物质财富的关系最为紧密，因为科学技术很容易被转化为劳动生产力。科学技术人员总是在学习前人经验的基础上，不断地实践、研究、探索，以求取得新的具有规律性、前瞻性的结果并将其投入经济社会生产实践中，创造出新的物质产品。

科学技术是文明世界的共同财富，也是当今社会经济发展的主要动力。但现实生活中，科学技术是“有界”的，这是因为知识产权保护的存在。

从法律定义上讲，知识产权是“权利人对其智力劳动所创作的成果和经营活动中的标记、信誉所依法享有的专有权利”，例如发明创造、形象设计、文学作品、艺术品等相关的一系列权利。不过，知识产权一般只在有限的时间范围内为特定的人所拥有。从本质上讲，知识产权是一种无形的财产权，其载体是人们的智力成果或知识产品。

知识产权是无形的精神财富，它与有形的物质财富一样具有价值。在经济活动中，它能够转化为物质财富，并能够以一定的价格进行交易和交换。事实上，一些重大专利、驰名商标、艺术作品的价值是相当高的，远远超过日常生活用品的价值，甚至超过了车辆和房屋等固定资产的价值。

知识产权具有五大特性：一是它是一种无形财产；二是它具备专有性；三是它具备时间性；四是它具备地域性；五是绝大多数知识产权需要通过法定程序获得。

知识产权是一种精神财富，但极易转化为物质财富，为经济活动和物质生产提供支持，因此，我们把它视为“实用性精神财富”。

第四节　社会财富的积累与消耗辨析

一、社会财富的统计与分析

对一国而言，社会财富即国家财富，而国家财富包括国民的个人财产和国家的共同财产两部分。在统计国民的个人财产的总额时，我们可把国民相互之间的一切债权和债务略去，同时要把外国人和本国人之间的债权和债务加进去。

马歇尔认为，“一个企业的价值在某种程度上产生于它所拥有的垄断权。这种垄断可能是基于专利权而获得的完全垄断，或是因它的产品比其他同样良好的产品更出名而获得的部分垄断。垄断的存在并不会增加国家的真正财富。如果垄断被打破，尽管它的消失会造成国民财富的减少，但因此得到的补偿通常比减少的财富多。这一部分是因为竞争者的商业价值扩大，另一部分是因为社会中其他财富的货币购买力增大。(然而，我们还要知道，在某些特殊情况下，一种商品的价值会因其生产获得垄断而降低，不过这种情况并不常见，可以忽略。)”“商业关系和信誉能增加国民财富，只要它们能激发整个社会都努力满足社会的整体需求。然而，当我们不是直接而是间接地估计国家财富作为个人财富的总和时，我们必须根据这些商业的全部价值来计算,即使这个价值在部分上是由不用作公共利益的垄断构成的。”[①]

对整个世界而言，社会财富即世界财富。世界财富不同于国家财

① 阿弗里德·马歇尔:《经济学原理》，廉运杰译，华夏出版社，2005，第50页。

富，就跟国家财富不同于个人财富一样。在统计世界财富时，为了便于计算，一国与别国之间的债权债务可以略去。另外，就像河流是国家财富一样，海洋是世界最有价值的共同财富之一。实际上，世界财富的概念只不过是将国家财富的概念向外延伸扩大，让它包含了整个地球。

二、社会财富与个人财富的关系

社会财富是全社会共有的，其概念极其宽泛，目前并没有一个统一的统计口径。从国家的角度来看，现在一般用国内生产总值（GDP）和人均 GDP 来衡量一个国家的财富和富裕程度。但社会是一个复杂的综合体，纳入国民经济口径的只不过是社会财富的一部分。例如，一个社会的历史积淀越多，其在这方面的社会财富就越丰厚，而且其中的很大一部分是无法评估的，即“不可估量”或“价值连城”的社会财富。典型的例子有埃及的金字塔、法国的埃菲尔铁塔、希腊的帕特农神庙、中国的长城、柬埔寨的吴哥窟等，这些历史名胜古迹的价格和价值很难从客观上进行评估，只能称为“无价之宝”。它们都是所在国的宝贵财富，给所在国的人民带去或多或少的实际利益。因此，把它们称为社会财富，是名副其实的。

与社会财富相比，个人财富多数是可评估、可衡量的。即便有极少数、极个别的人曾经拥有或者正在拥有“不可估量”的财富，这些财富最终也会自然消失或融入社会财富中。如历史上许多皇室贵族的私宅，随着时代的变迁，最后都变成了社会财富。这是一种规律性现象。在封建时期，王朝的皇帝可能认为天下都是他家的，殊不知天下是大家的。改朝换代之后，财富的主人也会随之改变。

个人财富与社会财富并非泾渭分明，有相当一部分的个人财富是与社会财富相融合的，例如一些被投入慈善基金回馈社会的个人收入。

从时间角度看，物质形态的社会财富大多是有生命周期的，且其生命周期的长短会随时代变迁而发生改变。例如一辆汽车，假设它从来没有被使用过，封存 10 年后可能已经一文不值。物质形态的社会财富的创造与消耗有着因果关系——创造是为了消耗。此外，人类创造社会财富的能力和速度往往视市场的需求（人们的消费速度）而定。以粮食生产为例，人们有可能在粮食供应达到饱和状态的情况下停止生产粮食，因为粮食可以储备一定的年限。换句话说，社会财富的创造和消耗有时处于停止状态，社会财富则无法增加，其增长是通过不断地循环实现螺旋式上升的。

接下来从个人和社会两个角度谈论财富。

人们为什么追求财富？如果不需要财富，一个人就能实现自给自足，满足自己所有的需求，那么他就不会去追求财富。但现实情况是一个人不可能做到在所有方面都自给自足，必须到市场上通过交换获取一部分自己缺少的东西。拿什么交换？毫无疑问，要用财富来交换，例如钱这个最直接的交换物。当然，有价值的物品或资产也可以充当交换物。所以，财富不是人们的直接追求目标，但拥有财富是人们实现幸福生活的手段之一。财富是人生来就注定需要的，一切具有使用价值或交换价值的东西都可视为个人财富。换句话说，一切可以交换的、有用的、客观存在的身外之物都是个人财富，无论其形式。

正确认识个人财富及其来源是解决贫富差距问题的必要条件，也是建设和谐社会的必要条件。

于普通劳动者而言，个人财富主要源于劳动报酬，即通过劳动获取的薪资、福利和其他收入。影响劳动者劳动报酬的因素有很多，如从事的行业、岗位、学历、年龄、技能、劳动强度和工作时间等。

除了通过劳动获得劳动报酬外，劳动者还可以通过投资、接受赠予、获取租金、获得社会保险收入等方式来积累财富。

中国人在积攒财富时，较为看重固定资产的积累，如住房和汽车等。这除了受“有房才有家”的传统观念影响外，还有出于对房屋保值、升值作用的考虑。大众普遍认为，现金形式的财产受通货膨胀影响，会变得越来越“不值钱”。

从社会的角度来看，社会财富的积累首先应该建立在满足全社会成员需求的基础之上。如果社会中有大量人得不到某种必需的社会财富（产品），而一小部分人群却囤积了大量的这种社会财富（产品），这将导致严重的社会问题。历史上不法商人在荒年时囤积粮食待价而沽，结果引发民怒造成社会动荡的事例屡见不鲜。其次，社会财富的积累要符合合理储存原则。这是由社会财富的特性和储存周期决定的。如果违背这一原则，过度储存社会财富，反而会造成社会财富的浪费，使一部分社会财富不能有效地发挥其使用价值。

最佳且最有效的社会财富积累方法是“藏富于民”。有森林等植被覆盖的地方，雨水会因植被的存在而慢慢渗入土壤，又再慢慢渗出。植被防止了水土流失，降低了干旱等自然灾害发生的可能性。土地环境保护得好，自然灾害就不会频发。同理，社会财富集散得当，经济社会就会稳定发展。合理的社会财富分配制度可以避免因社会财富被垄断而形成的经济金融风险，保障经济社会的良性发展。

但是，随着我国国民收入不断增长，目前我国面临着中等收入陷阱问题。中等收入陷阱是指一个国家的人均收入水平达到中等之后，经济增长速度减缓甚至停滞的一种瓶颈状态。在我国，有众多专家学者对中等收入陷阱问题进行了研究。可能造成中等收入陷阱的原因有很多，包括资源短缺、劳动力成本大幅提升、市场化改革不够彻底等。为了预防陷入中等收入陷阱，深化改革、加大科技创新力度势在必行，政府在产业结构的调整过程中，也要发挥好掌舵手的作用。

由于“中等收入陷阱”导致人们丧失了“消费信任”，进而缺乏“消费信心”，导致储蓄意愿强烈。那么，为什么大家会对储蓄有如此高的热情呢？马歇尔认为：“储蓄的主要动机是家庭情感……的确，有些人看到他们积蓄的财富在自己手中增多便感到极其愉快，而几乎没有想到他们自己或别人使用财富会得到幸福。他们之所以如此，在部分上是由于追求的本能、胜过竞争者的愿望、获得财富的能力以及凭借富有而取得势力与社会地位的雄心等方面的原因……最能刺激一个人的精力和进取心的，莫过于在生活中提高地位的愿望……这种愿望使他成为一个有力的生产者和财富积累者。如果他不是急于攫取财富所能给予他的社会地位，那么他的雄心就会使他走上巨大的奢侈之途……储蓄的能力取决于超过必要开支的那部分收入。在富人中，通过储蓄的资本利润获得的收入最大。在英国，大部分的巨额收入主要是从资本利润中得到，但小额收入中只有一小部分是从资本利润中得到的。在19世纪初，英国的商人阶级要比乡村绅士或工人阶级更具有储蓄的习惯。因此，上一代经济学家将储蓄几乎看做是完全从资本的利润中得来的。”① 有人由此得出结论：在财富分配方面，在其他情况不变的前提下，如果能给挣工资的劳动者多分一点，而给资本家少分一点，就会加快物质生产的增长，从而减少物质财富的储存。

在资本占优势的地方，人们被资本引导去创造和积累财富，勤劳的人就越多；在收入占优势的地方，人们消费得多，社会财富积累就

① 阿弗里德·马歇尔著：《经济学原理》，廉运杰译，华夏出版社，2005，第196页。

少，游手好闲的人就多。

三、社会自然人财富的解析

一个社会自然人获得财富的途径包括以下四种：一是参与生产劳动，创造社会财富（产品），之后在所生产产品的分配中按一定比例获取一部分；二是国家对社会财富进行再分配，社会自然人由于自身符合某种条件而获得一定数量的社会财富；三是社会自然人是由于某种血缘关系、亲情关系等获得由他人赠予的某些财富；四是社会自然人将自有的富余财富（目前不需要用于消费的财富）用于投资，从而获得投资收入。

传统的社会自然人积累财富的方式有两种：一种是将货币形式的财富存放在银行，即存款。在物价指数相对稳定的状态下，存款可以使财富保值增值，而当物价上涨、货币贬值时，存款会使财富缩水。另一种是保存的物化财富。这种形式的财富如果是易耗品，那么肯定会随着时间的流逝贬值；如果是收藏品，那么在社会经济平稳发展的情况下，可能可以增值。但在社会动荡、经济形势不佳的环境下，人们的精力都花在求生存上，自然对收藏型财富缺乏兴趣，收藏品的升值空间会很小，甚至会贬值。上述无论哪种方式，都可以看作常规性投资，既然是投资，就会有风险。经济社会发展到现在，常规性投资已经不是积累财富的最佳方案，风险投资逐渐成为主流。现在比较热门的风险投资有购买基金、股票、银行理财产品、金融产品和商铺等。风险投资的投资种类繁多，但是要想规避市场风险并最终获利，需要有敏锐的市场洞察力和应变能力。

社会自然人的财富去向主要是消费领域，包括基本生存消费、享受型消费等。生产创造财富之后，要将一部分财富用于消费，不能只存钱或进行再生产而不去消费，那样将无法形成良性循环，出现产能过剩。

当今许多年轻人对消费品的需求程度欠考虑，产生一堆不必要的消费。电商平台的迅速发展使得购物更加便捷，这大大刺激了大众的消费欲望。各种分期购物模式的推出又促使经济实力相对薄弱的年轻用户超前消费，这些无疑对扩大消费、拉动内需有效，但同时也造成了一定程度的浪费，因为很多人都买了他们实际上根本用不到的东西。这种行为可以从心理学的角度解释：消费心理是影响消费行为的一个重要因素。一个人在街上逛了一天，他会认为自己投入了时间和精力在逛街这件事上，如果不买点什么，他会认为自己的付出没有得到回报，即所谓的沉没成本效应，于是最终购买了自己并不迫切需要的商品。

从某种角度可以说，消费和赚钱是同样重要的技能，即“节流”和“开源”的重要性是一样的。“节流”不是让我们一味节约，而是合理、理性消费。在进行消费决策的时候，要先确定自己究竟需要什么，想买的商品对自己的效用有多大，然后根据自己的收入水平，在同类产品中挑选出价格、质量、使用体验最优者。

社会自然人把财富用于投资时，也有需要注意的事项。投资是获得更多财富的途径之一，但如果没有良好的投资意识和敏锐的触觉，那么即便拥有很好的资源和机会，也很难将其转化为财富。投资存在风险，结果存在不确定性，即盈亏是不确定的，因此，在投资的过程中要树立正确的风险意识，多学习投资知识，才有可能使投资成为真正的财富增长工具。

另外，如果一个人所拥有的资产仅足够维持他数天或数周的生活，那么他很少会去想如何通过这些资产获得额外的收入，他将非常谨慎地使用这些资产，并希望在最终使用完这些资产之前，能依靠自己的劳动获得某些东西来取代它们——这种情况意味着他的收入完全来自他的劳动。各国大部分的贫穷劳动者都过着这样的生活。如果他所拥有的资产足够维持他数月或数年的生活，那么他自然希望可以利用这笔资产中的一大部分来获得额外的收入，仅保留适当的一部分作为获得收入前的消费金，用以维持生活。

四、消费需求对社会财富的制约

马歇尔曾经这样阐述："人类的欲望和需求在数量上是无穷无尽的，在种类上也是多种多样的，但总的来说还是很有限的并能得到满足的。""当一个人的财富增加时，他的食物和饮料就变得更加丰富而且昂贵起来，但由于他的食欲有限，因此，当他花在食物上的费用达到奢侈浪费的程度时，更多的是为了满足好客和炫耀的欲望，而不是为了满足自己的感官需求。"①

虽然这一推理是合理的，但是随着社会发展，当有钱人的猎奇心理和不断翻新的消费品能带来超常规的巨额利润时，生产将会为了满足极少数人的需求而浪费大量的人力物力。

西尼尔说："求得多样化的欲望尽管很强，但与自豪感的欲望相比却很弱。如果我们考虑后一种欲望的普遍性和永久性，那么后一种欲望就是一直影响所有人的欲望，这是从我们一生下来就随之而来的，一直到我们进入坟墓才会离我们而去。这种情感可以说是人类情感中

① 阿弗里德·马歇尔：《经济学原理》，廉运杰译，华夏出版社，2005，第73页。

最强烈的一种。”

在社会不同等级的人当中都存在思想或技能得到发挥和发展的欲望，这不仅驱使人们追求科学、文学和艺术本身，而且还促使人们怀抱越来越多的希望，并将追求本身作为一种职业。这实质上是社会发展和进步的体现。人的劳动产值超过满足生命存续的需求后，就会出现超出物质需求的更高层次的追求，即追求精神上的愉悦和满足。

马歇尔对需求进行了如下分类：绝对的与相对的；高级的与低级的；迫切的与可缓的；积极的与消极的；直接的与间接的；一般的与特殊的；经常的与中断的；永久的与暂时的；平常的与非平常的；现在的与将来的；个人的与集体的；私人的与公共的。①

在马歇尔看来，“需求饱和律或效用递减律……他的需要基于他预期从中所能获得的利润。这些利润在任何时候都取决于投机的风险以及其他种种因素……一个商人或制造商对一件东西所能付出的价格，终究要看消费者对这种东西或用它制成的东西愿意支付的价格而定……一切需求的最终调节者是消费者的需求。根据需求定律和边际效用递减规律，一个商人或制造商购买用于生产或转卖的生产资料的时候，应以预期利润为依据，而预期利润受投机风险等其他因素影响。但长期来看，一个商人或制造商对某一物品所能支付的价格，最终取决于消费者对这一物品或由它制成的产品愿意支付的价格。因此，消费者需求是一切需求的最终调节者。”② 物品的价格从理论上讲取决于消费者的给价，但社会发展至今，人们的投机心理往往把预期收益看得很高，结果导致泡沫产生，进而引发金融危机甚至经济危机。需求

① 阿弗里德·马歇尔：《经济学原理》，廉运杰译，华夏出版社，2005，第77页。

② 阿弗里德·马歇尔：《经济学原理》，廉运杰译，华夏出版社，2005，第78页。

一旦脱离理性的轨道，风险就变得不可控。

边际的含义是额外增量。消费者因受到某一经济变量的影响而购买的那部分物品，就是他们的边际购买量，而这种边际购买量的效用可以视为这些物品对他们的边际效用。消费者对某种物品的消费量每增加一单位所增加的额外满足程度为边际效用。某种物品对消费者的边际效用随着消费者对这一物品消费数量的增加而递减。马歇尔是这样来说明的："假设某种茶每磅只需花费 2 先令。一个人也许每年都愿一次性支付 10 先令买 5 磅茶，而不愿终年不喝茶，这个价格衡量了茶对他的边际效用。他为任何一磅茶所愿意支付的最高价格，就称为他的需求价。那么，2 先令就是他的边际需求价格。"①

按照现代经济学的逻辑，我们在不考虑货币或一般购买力的边际效用基础上，在同一时间内，假设一个人的物质资产没有变化，那么货币的边际效用对他来说是一个固定的数量。因此，一个人越富有，货币对他的边际效用就越小；当他的资产有所增加时，他对任何一种利益甘愿付出的价格也会随之增加，边际效用增加。背后的逻辑关系是：资产增多导致货币边际效用减少，资产减少导致货币边际效用增大。

我们在分析财富的创造时，最基本的考虑要素有两个：需求的强度和商品的效用。两者都可导致价格、成本和价值产生波动，其中原因可以追溯到边际效用。需求决定生产，成本控制价格。只有在价格高于成本的情形下，商品生产才可能延续。

商品的生产和消费需求紧密相关，当生产脱离消费时，产品自然会变成剩余。这种剩余若是物质的，则可能会出现产能过剩，而产能

① 阿弗里德·马歇尔：《经济学原理》，廉运杰译，华夏出版社，2005，第 80 页。

过剩是最大的浪费。例如我国在改革开放初期，各地都盲目投入电视机、电冰箱、洗衣机的生产线建设，最后导致产能过剩，企业间恶性竞争，工厂大量倒闭，造成了资源浪费、社会财富缩水。我们要尊重市场规律，学会市场分析，理解市场需求有限，市场会饱和。创造的物质财富数量一旦满足社会总消费需求，竞争的就是质量。此时应深化供给侧结构性改革，用质量去赢得市场。若精神层面的剩余被淘汰，则说明这样的精神财富已经落伍。

第二章　社会财富的生成过程及相关问题探索

第一节　社会财富积累的多样性

一、保护自然是积累财富的有效方式

一切经济活动和经济实践的最终目的都是创造和增加社会财富，并通过各种努力尽可能多地占有社会财富的份额。人类社会的物质产品和精神产品的生产和交换由此而产生。所以，研究经济就应该从研究社会财富的创造、生产、分配、积累和使用等入手。

社会财富从何而来？这是研究社会财富的关键性问题之一。不同学者对社会财富（或直接称“财富”）的理解不同，对其来源也有不同看法。

亚里士多德认为，财富的源泉是农业劳动，表现为劳动产品。随着社会生产水平的提高，自给自足的自然经济已经不能满足社会发展的需要，逐步被商品经济取代。重商主义者认为财富来源于流通领域，通过贱买贵卖的方式在贸易中得利，才能获得财富。

在亚当·斯密之后，绝大多数经济学家都赞同“劳动是财富的源泉”这一说法。英国古典政治经济学创始人威廉·配第说过：“土地

是财富之母，劳动是财富之父。”[①] 对此，李嘉图的研究较为深入和彻底，他坚持“劳动创造价值从而实现社会财富增长”的观点，并将整个经济学研究建立在该观点之上。在马克思看来，财富具有社会性质，它必然有特定的社会形式，抽象地说，财富是一个具有使用价值，能满足人的需要的“物”。马克思认为，使用价值构成财富的物质内容，财富由使用价值构成，从而满足人类生产、生活和发展的需要。马克思虽然也认为劳动是财富的源泉，但并不认为它是一切财富的源泉——人不能单凭双手进行劳动就能生产出粮食，创造出产品。即使是进行最简单的生产劳动，也需要土地和工具，更何况复杂的社会生产。

在马克思看来，自然界和劳动一样也是使用价值的源泉，劳动本身不过是一种自然力的表现，即人的劳动力的表现。劳动只有作为社会的劳动，只有通过社会，才能成为财富和文化的源泉。[②] 这既表明了劳动不是财富的唯一源泉，也表明了劳动需要通过与社会中的其他要素相结合才能有效创造财富。刘诗白认为，简单的物质生产过程是三维要素结构，就机器大工业生产方式来说，由于科学知识成为独立的生产要素，因此物质财富的创造力应该归结于劳动力、工具力、对象力和科学力四要素以及四者的有效整合。在现代发达的市场经济和高技术经济的生产中，生产过程呈现出生产要素的多维化。除了劳动力、工具力、对象力、科学力以外，管理力、环境力等也成为生产过程的有效影响因素，对产品的使用价值和社会财富的形成具有重要作用。这进一步印证了财富的源泉是多样化的，劳动只是其中一个方面。

---

① 马克思：《资本论（第 1 卷）》，人民出版社，2004，第 56—57 页。

② 马克思，恩格斯：《马克思恩格斯选集（第 3 卷）》，人民出版社，1995，第 298—300 页。

二、实践、创新是积累财富的主要路径

当今社会已进入知识经济时代，随着以信息技术为核心的科学技术迅速发展，社会经济发展的原动力和社会财富的积累更加依赖知识和科学技术，即科学技术是第一生产力。当然，科学技术要融入生产过程中，才能成为现实生产力。在当今时代，要充分认识到知识、科技等对财富积累所具有的积极促进作用。对于处于改革开放进程和发展市场经济过程中的中国来说，要放手让一切劳动、知识、技术、管理、资本的活力竞相迸发，让一切创造社会财富的源泉充分涌流。

马歇尔说："劳动是指人类的经济工作，不论是体力方面的还是脑力方面的。资本是指为了生产物质产品以及为了获得通常被算作一部分收入的利益而储备的一切资源。资本是财富的主要组成部分，与其将资本看作满足欲望的直接源泉，还不如将它看作生产的一个要素。知识是我们最有力的生产动力。知识使我们能够征服大自然，并迫使大自然满足我们的需求。"[①] 马歇尔认为，知识对社会财富的创造和积累具有重要的作用。

马歇尔在那个年代就能将知识提到如此高度，确实让人惊讶和佩服。现在有许多政治家或者高层管理者仍不能正确认识知识在社会进步和创造力发展方面的作用。

李嘉图认为，一国增加财富的方法有两种：一种是用更多的收入来维持生产性劳动——这样做不仅增加了商品数量，而且增加了商品的价值。另一种是无须增加劳动量，但却使等量劳动更具生产效率——这样做会增加商品的充足程度，而不能增加商品的价值。在第一种情

① 阿弗里德·马歇尔：《经济学原理》，廉运杰译，华夏出版社，2005，第 121 页。

形下，一个国家不仅会变得富有，而且财富价值也会增加，致富途径是极其节俭及减少奢侈品和享用品的支出，并将节约所得用于再生产。在第二种情形下，既不必减少奢侈品和享用品方面的支出，也不必增加生产劳动量。但是用等量的劳动可以生产出更多的产品，财富会增加而价值不变。第二种方法一定是可取的，因为它不会像第一种方法那样导致享用品的减少和匮乏，但却能得到相同的效果。资本是国家用于未来生产的那部分财富，可以按照增加财富的相同方式来增加资本。[①] 他还认为，财富只是由自身具有价值的东西构成。构成财富的价值总量大，财富就多；价值总量小，财富就少。具有同等价值的两件商品是等量的财富。如果承认二者可以自由交换，那么它们具有同等的价值。人类给某物赋予价值，那是由于它具有可以应用的用途。某些东西所具有的满足人类各种需求的能力，我们将其称作效用。创造具有任何一种价值的物品就是创造财富。物品的效用是其价值的首要基础，物品的价值构成财富。但我们不能直接创造物品，只能以其他形式进行再生产，我们称之为赋予效用。如果通过改进机器，能用等量的劳动做出两双袜子而不是一双，那么尽管减少了两双袜子的价值，但却没有损害一双袜子的效用。[②]

萨伊认为，“一个人越是增加其所有物的价值，就越有能力支配大量的商品，他就越为富有……效用决定一种产品的需求，但生产成本限制了它的需求范围。如果它的效用不能将其价值提高到生产成本以上，那么它的价值就会低于成本，这就说明这种生产性服务可以被用来生产出另外一种价值更高的商品。生产资金的所有者，即能支配

① 大卫·李嘉图:《政治经济学及赋税原理》，周洁译，华夏出版社，2005，第 196 页。

② 大卫·李嘉图:《政治经济学及赋税原理》，周洁译，华夏出版社，2005，第 197 页。

劳动、资本和土地的人，会不断把生产成本与产品价值比较。收入不论采用什么方式获得，只要能换取更多的产品，其价值就是增加了。价格是物品价值的尺度，价值是其效用的尺度……生产就是通过赋予并增加物品的效用，从而形成人们对它的需求来创造价值。需求是价值的首要成因。这种价格是人们判断产品效用的尺度，也是人们从消费该产品中得到的满足的程度。如果他们能用这一价格获得给他们带来更高效用的另一种产品，那么他们就不会愿意消费效用低的产品。”

总的来说，财富的产生来自两大方面：一是自然财富，由大自然生成；二是人类财富，由劳动创造。大量的人类财富源自自然，如原油、煤炭、矿石、木材等生产资料，而其使用价值的发挥和效能作用的显现则更多地需要依赖劳动。

三、节约是积累财富的有效手段

曾有一个关于美国老太太和中国老太太的段子在网络上流行：美国老太太在临死之前感叹：“终于把房贷还完了！”而中国老太太则感叹：“终于凑足了买房的钱！”这个段子反映出两种消费观念的差异：欧美人的消费观念相对超前，习惯于今天用明天的钱；而中国人的消费观念比较保守，有较强的储蓄观念，习惯于今天用昨天的钱，存今天的钱，不轻易用明天的钱。除了消费观念外，还涉及经济学中的“信用”问题。信用是指在商品交换或者其他经济活动中，授信人在充分信任受信人能够实现其承诺的基础上，用契约关系向受信人放贷，并保障自己的本金能够回流和增值的价值运动。

节俭能够积累资本，奢侈则会不断消耗资本，而欧美人的超前消费和大量举债实际上是与这一道理相冲突的。前些年美国爆发的次贷危机说明了不合理的"信用"存在弊端——消费者盲目使用信用卡、贷款等，最终无力偿还，金融机构因此形成了呆账、坏账。从2007年开始，一场经济危机从美国蔓延开来，引发全球金融体系的动荡，而这场经济危机的罪魁祸首就是美国的次级信贷。次级信贷指的是次级信用贷款，也就是给信用度相对较低、还款能力相对较弱的人的贷款。美国有大量的次级信用者通过贷款买了房，美国的楼市由此形成了虚假繁荣的景象。在2007年，这种虚假繁荣破灭，金融企业纷纷陷入亏损甚至倒闭的境地，地产商也受到了重创。

当然，"今天用明天钱"的消费方式也有其有利的一面，它可以拉动内需、刺激消费。前文也提到过，过度节俭而缺乏合理的消费同样不利于现代社会经济的发展，因为没有消费就无法扩大生产，社会经济就不能进入良性的循环之中。

四、在人类社会的不同时期，社会财富的积累具有不同的特点

在原始社会时期，人类社会的财富都是自然财富，可供人类消费和享受的一切都不需要人类再创造，人类要解决的主要问题是生存和延续的问题。当时人类的智力和能力还都不足以支撑创造活动，只能从事群居环境下的采摘、围猎和捕鱼，所使用的劳动和生活工具只有石头和木棍，所有生存所依赖的资源都是大自然的恩赐。这个时期的财富主要是食物，也就是可食用的动植物，因此，财富积累主要体现在对动物的捕获和植物的采摘上。

随着时间的推移，人类在生存实践中不断进化，开始懂得挑选石头、削尖木棍，也学会了用火。人类进入石器时代后，少量新财富进入人类社会，即人类早期的生产工具。这些生产工具是最早出现的劳

动产品，也是最早出现的由人类再创造而获得的财富。从现代社会的视角看，这些生产工具只有历史研究价值，没有使用的价值，但在当时却是人类社会最重要、最宝贵的财富。

人类进入石器时代后，便逐步开始定居，从事耕种并圈养动物，开始积累和储备由自己创造的财富。自然财富在那时还在社会财富中占主导地位，这是由当时人类社会生产力的事实仍然低下决定的。

进入奴隶社会后，奴隶成为社会财富的主要创造者。奴隶在奴隶主的压迫下从事繁重的劳动，创造财富。其他平民百姓不是当时社会财富的主要创造者。

到了封建社会时期，劳动者有了更多的自由。在这个时期，土地成为最重要的生产资料，因而财富主要体现为土地。土地拥有者（地主）以赚取地租的形式获得部分劳动产品并自由支配。与失去人身自由的奴隶相比，佃农们参与社会生产的积极性大大提高，推动了社会和经济的快速发展，使生产力水平得到极大提高。那时人口稀少，土地的供应处于一种供大于求的状态，因此，耕作的需求逼迫人们在实践活动中改进生产工具，从而积累生产经验，改善生活条件。于是，铸铁、织布、制陶等行业慢慢发展起来，人类创造的财富也越来越多。人类再创造带来的财富超过了人类最基本的生存需求，物质享受和精神享受开始出现，财富分配也应时而生。财富的占有份额逐步演变成不同身份的象征。在封建社会，社会阶层等级森严，统治阶级对农民的管制十分严苛，苛捐杂税繁重。横征暴敛、自然灾害严重、战争频发以及生产力水平低下等客观因素，最终导致了封建社会的没落。

到了资本主义时期，财富主要体现为商品的堆积。社会的发展进步离不开商人对商品交换的推动，但过于重商也造成商品交换中货币价值增长过快，大量财富被中间环节的非生产阶层占有。资本家雇佣劳动者为其进行生产，通过剥削劳动者的剩余价值来获取财富。随着生产规模不断扩大，资本家手中积累的财富也越来越多，激化了其与劳动者之间的矛盾。生产社会化和生产资料资本主义私有制之间的矛盾成为资本主义社会无法解决的问题。

回顾历史，在农业社会的历史阶段，人类生存所依赖的财富基本上是自然资源和自然资源的直接延伸（种植业、养殖业等），这一类社会财富的积累和保存都存在很大的局限性：由于生产力相对低下，人类创造的社会财富除去满足自身生存需要的那部分外，剩余的部分非常有限，因此，可用于市场交换的财富十分有限。这就决定了当时的产品大部分不是用作商品交易，少量的交易活动往往是物物交换。此时，货币流通规模并不大，金融业不发达，社会财富的流通和积累受到很大制约。

当经济社会发展到一定的阶段后，技术使生产力提高，财富积累的渠道由传统的种植业、养殖业转向商品交换，轻工业（尤其是手工产品生产）得到迅速发展。现在很多博物馆中收藏的文物就是手工艺品。再后来，工业革命带来了生产力的极大提升，生产过程出现了颠覆性的革命。生产规模化、分工细化使每一件产品（或商品）都包含了许多人的付出，凭一个人的力量直接将自然财富转换成社会财富变得不切实际。即使是传统的种植和养殖工作也不能一个人独自完成，因为种子的优选、肥料的使用和病虫害的防治，以及优良品种的培育、混合饲料的配置等都已经烙上社会性劳动的印记。进入这个历史阶段后，财富分配的形式和合理性直接对社会生产的积极性产生重要作用。

时代不断发展，社会财富的载体也不断变化，在每个新的历史时期都需要制定社会财富分配的新规则，以适应经济社会发展的新形势和新格局，使社会达到一种新的平衡，这也是社会进步和稳定的基石。

改革开放之前，我国未认识到第三产业对社会财富累积的重要性，普遍认为推动经济发展靠的是工农业生产，尤其是工业生产。新中国的第一个五年计划的总基调是“工业化”，生产模式是“为了生产而生产”。如1957—1958年的“大炼钢铁”时期，为了实现钢铁产量的提高，从各家各户中搜集锅具等铁器，全民炼钢，这种“为了炼钢而炼钢”的做法严重违背了生产发展的规律，同时严重削弱了农业和其他产业的发展，无法促进生产发展，更无法促进社会财富的累积。如今，第三产业对社会财富的累积的贡献是巨大的，它有如社会发展的润滑剂，能够将基础产业创造的社会财富加以优化和再分配，为经济秩序正常运行提供保障。

现代社会中，商品的生产、流通、交换、消费过程也是社会财富创造、积累、消耗的过程。总的来说，人类创造的社会财富一直处在不断积累的过程中，且越来越多，尽管人类在不停地消耗。

第二节　社会财富积累的螺旋性

一、社会经济曲线上升的原因之一：财富的周期性更新

财富具有存在周期，而财富存在周期的长短又决定了其更新周期。一般情况下，不同财富的更新周期都有一个最佳尺度，如粮食的最佳更新周期为一年。事实上，粮食总有丰收和歉收的年份，人们为了保障生存，往往会采取以丰补歉的方法进行屯粮，国家也会战略性储备粮食。但粮食储备是有期限的，贮藏超过一定时间后就会成为陈化粮，不宜作为口粮。从经济角度计算，假设新粮价格为每公斤 5 元，储存周期为 10 年，10 年后每公斤只能卖 2 元，那么每公斤粮食每年的自然损耗为 0.3 元。由此可见，社会财富的积累应考虑两个因素：一是社会财富的积累是不是必需的，即使是必需的，也应该对更新周期加以考虑；二是社会财富的积累是否有利于社会发展和社会进步，这要辩证地、历史地来看待。

理论上，任何社会财富都不能永恒存在，人类社会在追求社会财富数量最大化的同时，还要追求财富更新周期最大化，社会财富的使用率是与社会财富的更新周期成正比的。当然，我们很难为每一种财富给出一个标准的更新周期，但可以从经验中得出一个相对合理的更新期限。一定的数学模式可以将大部分财富量化，使财富的价值形式可通过价格来标注。这有利于我们对人类社会的实践活动进行量化评估，判断社会科技进步程度和社会生产发展水平。

下面我们看几个例子：

【例 1】西方国家的住房建筑的使用寿命一般为 70 年以上，有些甚至能达到上百年，如英国建筑的平均使用寿命达到 132 年，古罗马的城堡式建筑已经存在了几百上千年。而我国前住建部副部长仇保兴曾说："我国是世界每年新建建筑量最多的国家，但这些建筑的寿命只能持续 25 ~ 30 年。"这对我国的社会财富积累是有负面影响的。假设修筑一栋房子，建成时售价为 100 万美元，设计使用寿命为 50 年。如果该房子实际使用了 50 年，那么其价值的价格体现形式就是 100 万美元；如果该房子实际只使用了 25 年，那么其价值的价格实际体现形式为 50 万美元，这意味着有一半的价值消失。如果该房子实际使用了 75 年，那么其价值的价格体现形式为 150 万美元。哪种情况下社会财富积累为正，哪种情况下社会财富积累为负，不难看出来。

【例 2】三家冰箱生产厂 A、B、C 各生产了一台冰箱，三台冰箱的效率和功能相似，三个厂家投入了同样多的材料和人力，且冰箱的销售价格同为每台 300 美元，设计使用寿命同为 10 年。假设 A、B、C 三个厂家生产的冰箱分别使用了 5 年、10 年、15 年，那么它们的价值的价格体现形式就分别为 150 美元、300 美元、450 美元（不考虑使用质量、维护成本、外观审美等因素）。

不过，当某种社会财富不仅仅是一种简单的物质财富时，其价值就不能用简单的价格来衡量。如埃及的金字塔、希腊的神庙、中国的长城，它们的物质价值不仅在当时那个特定历史时期得到体现，在后面的历史长河中，它们成为一种精神或文化的载体，其价值在价格的表现上往往是"无价"的。一些历史文化名人所设计的、创造的、形成的作品、哲学思想等同样如此。

财富存在更新周期，意味着社会财富的积累存在周期，那么，要想让社会长期保存一定数量的财富并逐步增加其数量、提升其质量，就必须不断地进行财富更新。有些社会财富本身就具有自我更新的能力，如山间的树木、竹子等自然财富；有些社会财富的更新则是不以人类的意志为转移的，如矿藏等自然财富。那些由人类的创造活动形成的社会财富则需要作出合理的安排和处置。以住房建设为例，建设住房能够增加 GDP，但重复建设和房屋使用寿命偏短会使增加的 GDP 实际上只是一个虚数，社会财富并没有真正增加。我国现阶段对地方政府考核的集中点仍然在 GDP 上，但仅仅重视 GDP 这个流量指标而忽视对存量 GDP 的测算是不行的。建一幢楼增加一次 GDP，拆了这幢楼又增加一次 GDP，在原址上再建一幢楼，仍然能给 GDP 加上一个数字，这么做增加了三次 GDP，但实际上能使社会财富增长的只有最后一次，而且多次重复建设只会导致社会财富的巨大浪费。所以，不再单纯考虑 GDP 是转变政府职能的题中之义，必须注重于不断提高经济增长的内涵，实现经济的可持续发展。

从历史角度看，中国独有的历史发展过程使其社会财富积累具有与其他国家不同的特点。中国历史上多次遭遇列强的入侵和盘剥，使得大量财富流失，而统治阶级的财富是通过对民众的过度剥削获得的，通过这种剥削积累起来的财富形成国家繁荣昌盛的假象，实际上这些财富大多被用于修建浩大的工程及满足奢侈的享乐，最终导致社会财源枯竭，国力衰退，社会财富又回归低水平，进入新的积累过程。

当社会财富在更新周期时限内不能被充分利用，发挥其对人类社会应有的作用时，就出现了产能过剩现象。社会财富更新的频率和利用的效率关系到社会财富的数量和质量，同时也体现了社会创造活动是否有效，社会财富对社会进步的贡献是否明显。因此，社会财富的更新频率和利用效率是我们在研究社会财富时必须重视的一个重要问题。

二、社会经济曲线上升的原因之二：财富的使用和消耗

无论是对个人还是对社会来说，如果仅仅积累财富而不消费，那么再多的财富都是无用的。

人们通过劳动获得收入，并在市场上购买商品和服务。财富是通过产品的生产和服务的增加进行累积的，生产和服务的增长使国民生产总值增长。但与此同时，消费也必须得到增长。只有两者保持相对的平衡，才能防止供大于求或者供不应求的局面出现。社会财富的增长是建立在整个供应—消费系统良性循环的基础之上的。社会财富的积累离不开消费，只有进行消费支出，才能实现进一步的扩大再生产。不断扩大内需、拉动消费，才能带动社会物质的繁荣，实现财富总量的增加。

对于个人和家庭来说，财富的主要使用是对商品和服务的消费，而对于国家来说，则主要是政府购买。政府购买是指各级政府购买物品和劳务的支出，此外还包括转移支付等，但政府的转移支付并不会增加 GDP，它只是财富的一种转移。

与过去相比，社会生产力水平已得到极大提高，无论从实践的角度还是从理论的角度看，每个国家的社会财富和人均财富都应该得到了增加，各国人民的生存质量和生活水平都应该得到提升，但实际情况是，有很多国家的人民并未因此得到实惠，这就带来一个疑问：财富到哪里去了？

答案有很多，但其中最重要的是这三个：一是军事开支不断加大，消耗了一部分社会财富。相当一部分的社会财富用于换取军事设备设施，仅起到维护国家安全和利益的作用，对于改善国民的生存质量和生活水平并无实际意义。二是在再生产过程中，资本的投资回报使社

会财富聚拢到少数人手中。这种财富集中不仅影响社会购买力，也影响社会财富分配的公平，给社会不稳定埋下祸根。三是社会人群结构失衡。如在一些国家，受政治体制、经济导向的影响，纳税人供养的人群越来越庞大，导致实体经济负担加大、利润空间受到挤压，抑或导致物价上涨、工资下降，造成大众的生活水平下降。

还有一些其他的原因，如收入能力减弱、折旧等。此外，由于自然的、市场的、政策的原因，有些财富在一夜之间大量缩水，或回归为零，甚至变为负数（如日本福岛核电站事件）。

三、社会经济曲线上升的原因之三：金融危机、经济危机等的周期性爆发

（一）金融危机

金融危机是指金融资产、金融机构、金融市场的危机。当金融危机出现时，往往伴随着企业大量倒闭、失业率提高的现象，有时候甚至发生社会动荡或政治动荡。

金融危机可以分为货币危机、债务危机、银行危机、次贷危机等多种类型，就发展趋势来看，金融危机越来越趋向于以多种危机混合的形式出现。

金融危机产生的原因主要有四个：一是受国际金融市场上游资的冲击；二是国家的外汇政策不当；三是为了维持固定汇率制，国家长期动用外汇储备来弥补逆差，导致外债增加；四是国家的外债结构不合理。其基础性原因则主要有三个：一是透支性经济高增长和不良资产膨胀；二是市场体制发育不成熟；三是“出口替代”型模式存在缺陷。

金融危机的制度根源是市场经济固有的自发性的货币信用机制，一旦金融活动失控，货币和资本借贷中的矛盾激化，金融危机就会发生。以金融活动高度发达为特征的现代市场经济本身就是高风险经济，孕育着发生金融危机的可能性。经济全球化和一体化是当代世界经济的重大特征，也是市场经济超国界发展的最高形式。第二次世界大战之后，各国之间的商业关系进一步发展，彼此在经济上更加互相依赖，商品、服务、资本、技术在国际间频繁流动，经济的全球化趋势更加明显。金融活动全球化是当代资源在世界重新配置的重要推力，是经济落后国家与地区得到跃进式发展的重要原因，但国际信贷、投资大爆炸式发展也导致了一些固有矛盾深化，使金融危机在那些制度不健全的、最薄弱的环节爆发。

综上所述，现代市场经济中不仅存在因商品生产过剩、需求不足而导致的危机，而且存在金融信贷行为失控、新金融工具使用过度与资本市场投机过度而引发的金融危机。在资本主义世界，这种市场运行机制的危机更易受到基本制度的催化。

不过，金融危机不只会出现在资本主义市场经济体制中，也有可能出现在社会主义市场经济体制中。

金融体制不健全、金融活动失控是金融危机的内生因素。鉴于此，我国在体制转型中应该高度重视和切实落实政府调控的市场经济体制的构建，健全金融体制，增强对内生金融危机的防范能力。

金融危机的影响及危害是多方面的：

一是影响我国的出口。出口是拉动经济的“三驾马车”之一。据测算，美国经济增长率每降 1 个百分点，中国对美国出口的相关指标就会降 5 ~ 6 个百分点。一个典型例子是 2007 年美国的次贷危机加速了美元贬值，美联储又不断降息，导致大量热钱流入中国，我国出口产品的价格优势下降，出口呈现减速趋势，见表 2–1。

表 2–1　美国次贷危机爆发前后我国出口指标增速对比

指标	2007 年上半年增速	2008 年上半年增速
出口金额	27.55%	21.87%（同比下降 5.68%）
出口数量	10.11%	8.44%（同比下降 1.67%）

二是对世界经济造成深层次冲击。仍以美国的次贷危机为例，据中国社科院金融研究所提供的数据，2008 年之后，全球次级债券衍生合约的市场规模被放大至近 400 万亿美元，相当于全球 GDP 的 7 倍。日本媒体报道，美国的次贷危机导致全球金融资产缩水 27 万亿美元。美联储前主席格林斯潘撰文指出："有一天，人们回首今日，可能会把美国当前的次贷危机评为第二次世界大战结束以来最严重的金融危机。"

三是严重影响人们的心理，使人们丧失安全感。经济领域的剧变会给人们带来巨大的心理负担。次贷危机之后，美国多家新闻媒体曾经开展民意调查，结果显示，78% 的被调查人对当时美国政府的能力产生了怀疑。

四是大幅降低个人的生活水平和质量。金融危机造成通货膨胀、企业倒闭、收入减少，许多人的生活质量大大降低。

金融危机对人类社会的影响是巨大的，但是我们依然可以从历史的过往中找寻到一些共性与契机，如表 2–2 所示。

表 2–2　国际金融危机变化情况

时间	变化情况
1873 年	德国和奥地利为了保持经济繁荣，吸引资本留在国内，对外信贷突然中止，导致许多公司经营困难。

续表

时间	变化情况
1890 年	伦敦巴林兄弟投资银行对阿根廷债权发生支付危机，导致伦敦一系列企业倒闭，间接导致南非、澳大利亚、美国和一些拉丁美洲国家发生经济危机，并一直持续到 1893 年。
1928 年	纽约股市开始繁荣，吸引了大量本可投向拉丁美洲的信贷资源，导致拉美国家和地区陷入经济萧条。
1994 年	“龙舌兰酒效应”“亚洲流感”“俄罗斯病毒”等。
1997 年	亚洲发生金融危机时，我国依靠资本项目的适度管制以及金融服务市场的低开放度而幸免于难。

从表 2–2 中可以看出，在发生金融危机之前，这些国家或世界区域内的经济经历了一段时间的繁荣发展。为了保持这种繁荣，部分信贷机构开始急功近利，并且逐步蔓延到更多的区域。其中存在许多不正当竞争，这些行为加速了危机的蔓延。

1997 年，最早发生于西方发达资本主义国家的金融危机蔓延到了亚洲。这场危机的发展过程十分复杂，到 1998 年底，大体上可以分为三个阶段，具体如表 2–3 所示。

表 2–3　亚洲金融危机发展变化情况

发展阶段	变化情况
第一阶段	1997 年 7 月 2 日，泰国宣布放弃固定汇率制。 同年 8 月，马来西亚放弃“保卫林吉特”的努力。 同年 10 月 23 ~ 28 日，香港恒生指数大跌，至 28 日收盘止，下跌 1621.80 点；国际炒家将目标转向国际金融中心香港，矛头直指香港联系汇率制。 11 月中旬，东亚的韩国爆发了金融风暴。 11 月 17 日，韩元对美元的汇率跌至创纪录的 1008 ： 1。 12 月 1 日，韩国政府不得不向国际货币基金组织求援。 12 月 13 日，韩元对美元的汇率又降至 1737.60 ： 1。

续表

发展阶段	变化情况
第二阶段	1998 年初，印度尼西亚（以下简称“印尼”）金融风暴再度兴起。 同年 2 月 11 日，印尼政府宣布将实行印尼盾与美元保持固定汇率的联系汇率制，以稳定印尼盾的价格。 2 月 16 日，印尼盾同美元比价跌破 10000 ∶ 1。 4 月 8 日印尼同国际货币基金组织就一份新的经济改革方案达成协议。 日元汇率从 1997 年 6 月底的 115 日元可兑换 1 美元，跌至 1998 年 4 月初的 133 日元兑 1 美元，亚洲金融危机继续深化。
第三阶段	1998 年 8 月初，美国股市动荡，日元汇率持续下跌。 同年 8 月 17 日，俄罗斯中央银行宣布年内将卢布兑换美元汇率的浮动幅度扩大到 6.0 ∶ 1 至 9.5 ∶ 1。 9 月 2 日，卢布贬值 70%。 1999 年，金融危机暂告一段落。

当一国发生金融危机时，可以采用的应对策略主要有三个：一是股权重组，增资扩股；二是坏账打包，切割剥离；三是注入资金，解决流动性。具体操作如下：首先，政府对陷入危机的金融机构进行重组，增资扩股。比如美国在次贷危机发生后把“两房”国有化，把私有企业变成了国有控股企业。其次，把银行的坏账剥离，打包放到一边，待银行复苏后再赎回资金，如果银行倒闭了，那么由政府承担损失，将坏账清零。最后，当银行陷入流动性危机、出现挤兑时，政府向银行注入资金，增加银行现金流，或者出面担保，增强社会信心，又或者由政府出面为银行担保，向同行拆借。

要防范金融危机发生，政府须从四个方面下功夫：一是建立最基本的社会福利框架，废除泛福利化体制；二是在完善的、透明的法治基础之上建立起政府对金融市场的有效监管机制；三是大力推进生产领域的市场化，鼓励实业投资；四是周期性调整行业发展速度。

（二）经济危机

经济危机是一种由生产过剩导致的危机。这种生产过剩不是绝对过剩而是相对过剩，即相对劳动人民有支付能力的需求和资本价值增值的需求而言的过剩。

经济危机的一般表现是商品大量积压、产量锐减、工厂大量倒闭，工人大量失业、信用关系遭严重破坏，社会经济陷入极端混乱的境地甚至瘫痪。

虽然出现经济危机的可能性在货币出现以后就已经存在了，但只有在资本主义生产方式下才具有发生的现实性。这是由资本主义生产方式的基本矛盾（生产的社会性和资本主义私有制之间的矛盾）决定的。

经济危机产生的根源主要有五个：一是经济政策错误；二是原材料供应紧张，尤其是原油供应紧张；三是自然灾害；四是全球化；五是金融政策错误。

在资本主义社会，生产资料私有，生产从属于企业的利益，生产成果都被资本家占有，企业生产扩大还是缩小不是取决于生产和社会需要之间的关系（社会与发展了的人的需要之间的关系），而是取决于利润和所使用的资本之比（利润率），因此，生产不是在社会需要被满足时停顿，而是在利润率得到满足时停顿，这会导致以下两个问题：

其一，单个企业的生产是有组织的，而整个社会的生产是处于无政府状态的。单个企业在资本家的统一指挥下进行生产，生产过程是有组织、有计划的，而整个社会的生产秩序却不受政府控制，社会生产部门比例失调，这是引发经济危机的重要原因之一。

其二，产能增长与有效需求不对应，即总供给与总需求不对应，或者说是生产与消费不对应。在追逐高额利润的动机驱使下，所有资本家都拼命发展生产，结果造成社会有效需求的增长落后于社会生产的增长，商品卖不出去，这是引发经济危机的最直接的原因。

两极世界理论认为，资本主义世界在内部变革和对外扩张两个时期发生的经济危机表面上看都是由社会有效需求不足引起的，但是社会有效需求不足产生的原因不同：内部变革时期的社会有效需求不足源于人们相对贫穷，对外扩张时期的社会有效需求不足源于资本相对富足。前者是国内社会有效需求不足，具有外应力性质；后者是国际社会有效需求不足，具有内应力性质。

经济危机的主要特征：一是产能相对过剩。经济危机所暴露出的生产过剩并不是指生产出来的商品真正超过了实际需要，而是相对于有支付能力的需求而言，生产得太多了。二是投资对经济的拉动不足。三是就业不充分。

经济危机引发的问题：一是造成社会财富的巨大浪费，对社会生产力造成严重破坏。二是进一步加深资本主义生产方式的基本矛盾。三是进一步激化资本主义国家的社会阶级矛盾。四是既会加剧发达国家之间的矛盾，又会加剧发达国家与发展中国家之间的矛盾。

发生经济危机表明社会生产力和生产关系之间存在矛盾，它是矛盾激化的产物，但反过来它也能促进经济在起伏波动中继续向前发展。在当代，经济危机加剧了发达国家同发展中国家之间转嫁危机与反转嫁危机的矛盾，加剧了国家之间争夺商品市场和输出危机的矛盾。总之，经济危机加剧了世界的各种矛盾，它是世界动乱的重要经济根源之一。

卡尔·马克思在《资本论》中写道：“市场经济无法消除产生经

济危机的根源，因而经济危机会周期性地爆发。”经济危机的这种周期性使资本主义经济也表现出周期性——“危机—萧条—复苏—高涨”的循环。

危机往往在资本主义经济发展最繁荣时爆发，资本主义的各种矛盾在这时达到最尖锐的水平。危机首先在商品流通的某一环节出现，然后迅速波及各个部门，最后导致整个社会经济活动出现严重混乱。

在萧条阶段，商品供给超过有支付能力需求的现象有所缓和，生产不再继续下降，失业人数也不再增加，但过剩的商品还未完全销售出去，社会购买力仍然十分低下，社会经济呈停滞状态。

萧条阶段之后，市场情况有所好转，生产开始逐步回升，经济逐渐摆脱停滞局面，进入复苏阶段。

在复苏阶段，由于市场扩大，价格开始上升，利润也随之回升，从而刺激资本家增加投资、扩大生产。随着生产不断扩大，经济发展逐渐加快，社会生产超过危机前的最高点，经济进入高涨阶段。

在高涨阶段，资本主义经济呈现出一片繁荣景象。但是，这种繁荣只是暂时的，危机也在此时孕育。随着社会生产不断扩大，资本主义经济的各种矛盾又会日趋尖锐，最终再次爆发危机。

资本主义经济危机周期性爆发的原因要从资本主义市场经济的运动变化中寻找。资本主义生产方式的基本矛盾虽然贯穿于资本主义经济社会发展的全过程，但并不是每时每刻都处于严重激化的形势之中，而是有时尖锐，有时缓和，呈波浪式发展的状态。经济危机是这一矛盾激化到一定程度后的产物。虽然经济危机又反过来通过对生产力的破坏暂时、强制地缓解了这一矛盾，但并不能完全消除它，随着经济的恢复和发展，矛盾又会逐步激化起来，经济危机又卷土重来。正如恩格斯说的：“在把资本主义生产方式本身炸毁以前不能使矛盾得到解决，所以它就成为周期性的了。生产产生了新的‘恶性循环’。”

从数据上看，当代的经济危机的发生频率有加快的趋势，在战后各国的历次经济危机中，属于世界范围的有三次，即 1957—1958 年、1973—1975 年和 1980—1982 年的经济危机，它们表现了较为明显的国际同期性。具体时间可见表 2–4。

表 2–4　欧美主要国家经济危机时间表

国家	时间						
美国	1948—1949 年	1953—1954 年	1957—1958 年	1960—1961 年	1969—1970 年	1973—1975 年	1980—1982 年
日本	1954 年	1957—1958 年	1962 年	1965 年	1970—1971 年	1973—1975 年	1981 年
联邦德国	1952 年	1958 年	1961 年	1966—1967 年	1971 年	1974—1975 年	1980—1982 年
英国	1951—1952 年	1957—1958 年	1961—1962 年	1966 年	1971—1972 年	1973—1975 年	1979—1982 年

20 世纪 30 年代在资本主义国家发生的经济危机给世界以沉重打击，使社会矛盾空前激化，结束了 20 世纪 20 年代出现的虚假繁荣局面。危机给各国人民带来了巨大灾难，激起了人民对社会制度的不满，对立情绪高涨，示威活动、罢工运动和农民运动频发，法西斯主义在一些国家内迅速扩散，法西斯组织相继出现。在这个时期，各国统治阶级面临内忧外患的困境，在经济和政治上普遍加强了国家干预和专横统治。日本开始实行武力扩张，德国则建立了法西斯统治，关税战、倾销战和货币战导致世界不断分化，出现了各种货币集团和经济集团。

历史上发生的数次严重的经济危机给世界经济发展留下了深刻的教训：一是告诉人们，繁荣和危机总是密切相关、同时并存的。各国在发展经济时，不仅要关注直接效益，更要着眼未来，要确保经济可持续发展，要清醒看到经济发展中可能潜藏的危机，防患于未然。二是在发展经济的过程中，各国政府都要适应国家经济的发展情况，及时调整内部机制和政策，并维护好国际关系，为国家经济的持续发展营造良好的国内和国际环境。三是当经济危机发生时，各国政府应承担起各自的国际责任，履行国际义务，摒弃“以邻为壑”的自保政策和转嫁手段，防止危机恶化、扩展和延续——在区域经济集团化和全球经济一体化下的当今世界，做到这一点尤为重要。

与战前的经济危机比较，第二次世界大战后的经济危机产生了新的特点，经济危机的非同期性或部分同期性变得更加突出。究其原因，主要有四个：一是各国遭受战争破坏的程度不同，经济恢复的时间不同，经济周期的进程也就不一致。二是局部战争的影响。20 世纪 50 年代到 70 年代美国发起的朝鲜战争和越南战争对世界各国经济周期的进程产生了不同的影响。三是战后各国迅速采取的国家干预措施各不相同，抵制经济危机影响的效果也各不相同。四是因某些地区和某些国家的经济关系特别密切并有共同利害关系，战后形成了一些经济的地区性联盟，如欧洲经济共同体等，因此，经济危机有时在这些联盟国家里表现出较明显的地区同期性，而不表现为世界的同期性。

此外，第二次世界大战之后，经济危机发生得也较战前更为频繁，背后的主要原因有两个：一是战后各国政府普遍加强了对经济活动的干预。例如，各国在财政上和货币金融上实行膨胀政策，同时用减免税收、降低贴现率、放宽房屋抵押贷款条件等措施去刺激私人投资和私人消费，这些措施人为地激发起新的投资需求和消费需求，暂时缓和了生产与消费之间的矛盾以及生产与市场之间的矛盾，使经济危机不能充分发展。这么做在短期内能够延缓经济危机的到来或减轻经济危机的危害程度，但从长期来看，这些措施进一步扩大了生产能力，加剧了生产与市场之间的矛盾，为下一轮经济危机的爆发埋下了祸根。二是由于科学技术迅速进步，固定资本更新的周期大为缩短。各国政府采取加速折旧等措施来刺激私人投资，这也促使固定资本更新周期大大缩短。

当代世界进入新的技术革命高潮，电子计算机工业、原子能工业、半导体工业、航天工业、高分子合成工业、激光工业等一系列新生产部门的出现和发展使物质生产领域发生了很大的变化，这对经济危机产生了双重作用：一方面是缓和的作用，另一方面是加剧的作用，如表 2–5 所示。

表 2–5　新技术革命对经济危机的双重作用

缓和作用	传统的老工业所占比重逐步缩小，新兴工业所占比重日益增加
	新兴工业部门的固定资本投入大幅增加，传统工业部门也大规模地采用新技术，更新机器设备，这在一定程度上可以缓和经济危机
加剧作用	缩短了固定资本更新的期限，为经济危机更频繁发生提供了物质基础
	大大提高了劳动生产效率，为扩大再生产创造了必要的条件，但同时也导致失业问题越来越严重

（三）金融危机与经济危机的关系

从概念上看，“金融”与“经济”本身就存在较大差别。

“金融”是以货币和资本为核心的系列活动的总称，与它相对应的主要概念是“消费”和“生产”，即主要关乎商品和服务。所谓金融危机，指的是与货币、资本相关的活动在运行过程中出现了某种持续性的矛盾，如票据无法兑现造成的信用危机、买卖脱节造成的货币危机等都是金融危机。以美国次贷危机为例，其发生的根本原因就在于资本市场的货币信用被金融衍生工具无限放大，在较长的时期内形成了货币信用供给与支付能力间的巨大缺口，最后严重偏离了现实产品市场对信用的有限需求。当这种偏离普遍地存在于金融市场的各个领域时，次贷危机的发生就不可避免了。

"经济"的内涵显然比"金融"更广泛，它包括金融在内的一切与需求和供给相关的活动，其核心是通过整合资源来创造价值、谋取福利。所谓经济危机，指的是在某段时间里价值和福利的增加无法满足人们的需要，如供需脱节带来的大量生产过剩、信用扩张带来的过度需求等都是经济危机。

通过比较可以发现，经济危机与金融危机最大的区别在于它们对社会福利造成影响的程度和范围不同。金融危机从某种意义上说只是一种过程危机，而经济危机则是一种结果危机。

金融危机与经济危机之间是有联系的。从历史上发生的几次大规模金融危机和经济危机来看，大部分经济危机都是伴随着金融危机出现的。也就是说，在发生经济危机之前，往往已有金融危机存在。两者关系紧密的主要原因在于，随着货币和资本被引入消费和生产过程，消费、生产与货币、资本的结合越来越紧密。以生产过程为例，资本在生产过程的第一个阶段（投资阶段）便开始介入，货币资本由此转化为生产资本；在生产过程的第二个阶段（加工阶段），资本的形态由投资转化为商品；在生产过程的第三个阶段（销售阶段），资本的形态又由商品恢复为货币。正是货币资本经历的这个转换过程使得货币资本的投入与取得在时空上相互分离，任何一个阶段出现矛盾都足以导致货币资本运动中断，资本投资无法收回，从而出现货币信用危机，最终引发金融危机。当矛盾在较多的生产领域中出现时，生产过程便会因投入不足而无法继续，从而造成产出严重下降，导致影响范围更大的经济危机。这便是金融危机总是与经济危机相伴随，并总是先于经济危机而发生的原因所在。

在某些情况下，金融危机也可能独立于经济危机发生，尤其是当政府在金融危机发生之初便采取强有力的应对措施。比如当金融危机发生伊始，政府通过大规模的“输血”政策，有效切断货币信用危机与生产过程之间的联系，此时就有可能避免经济危机发生。

（四）黑天鹅

“黑天鹅”一词来源于美国著名商业思想家纳西姆·尼古拉斯·塔勒布的畅销著作《黑天鹅》——据说在1697年之前，全世界的人都不相信天鹅会有黑色的，但后来一群探险家在澳大利亚真的发现了黑色的天鹅，这令所有人都非常震惊，信仰因此崩塌，从此以后，“黑天鹅”就变成了意外事件的代名词。

塔勒布是这样定义黑天鹅的：非常罕见；影响非常巨大；尽管事后有万种解释，但事前却根本无法预测；事先可以做好预防。

如何防范黑天鹅？黑天鹅无法预测，但是可以防范。以股票投资为例，有三种做法可以有效防范黑天鹅：一是不把所有鸡蛋都放在一个篮子里，意思就是采取均衡投资的策略。特别是在风险投资中，最好不要把资金都集中在某一只股票上面。资产有效分散配置可以降低风险。二是集中优势资金，分行业重仓持股。资金过于分散不利于调配，把资金分配到3～4只分属不同行业的股票上较为适宜，这样能够防止被某个行业突发的利空消息所冲击。如果你买了10只股票，这10只又都是银行股，那么实际上跟你满仓一只银行股没什么区别，风险并没有被分散。三是多了解你买入股票的公司。很多人买股票不研究公司基本面，不管那家公司经营的好坏，甚至都不知道那家公司是干什么的，只会追涨杀跌，这种人最容易遭遇黑天鹅。

（五）灰犀牛

古根海姆学者奖获得者米歇尔·渥克撰写的《灰犀牛：如何应对大概率危机》一书让“灰犀牛”一词为世界所知。与“黑天鹅”相反，“灰犀牛”指那些太过于常见以至于人们都习以为常的风险，这些风险中潜藏着难以觉察的危机。米歇尔·渥克这样比喻：灰犀牛体型笨重、反应迟缓，你看见它在远处，心中毫不在意，一旦他向你狂奔而来，你必定猝不及防，被直接扑倒在地。灰犀牛代表那些大概率会发生的危机，它们在社会各个领域不断出现。很多危机事件都是灰犀牛——在爆发前已有迹象显现，但却被人忽视。

如何防范灰犀牛事件？米歇尔·渥克在《灰犀牛：如何应对大概率危机》一书中给出了应对策略：一是要承认危机的存在；二是要定义风险的性质；三是不要静止不动，也就是不要在冲击面前僵在原地；四是要从灾难中吸取教训；五是眼睛要紧紧盯住远方，时刻提防那些看似遥远的风险，同时摒除犹疑心态，优化决策和行动过程；六是成为发现灰犀牛的人。

第三节　社会财富积累的曲折性

一、分配因素的变化使财富积累不稳定

社会财富由劳动创造。在科技发展进步过程中，人们的劳动分工日益细化，但又同时朝着两个完全相反的方向推进，这给社会财富的分配带来了难题，如图 2–1 所示。

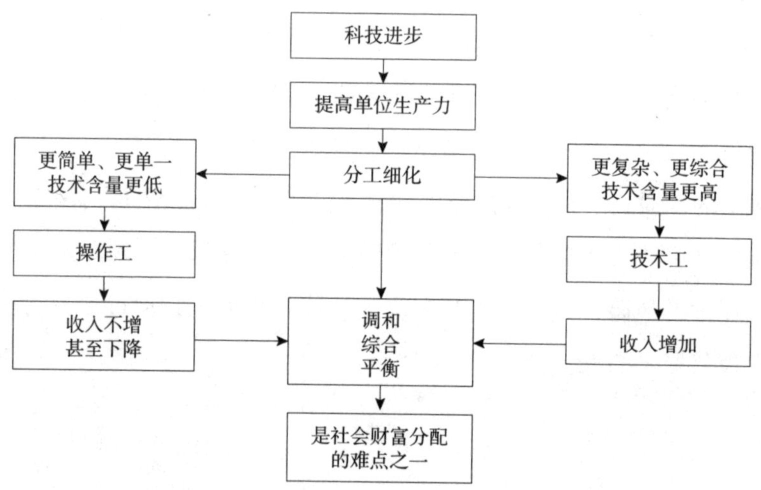

图 2–1　劳动分工反方向发展与社会财富分配的关系

以我国为例。改革开放后，我国经济实现了持续高速增长，创造了举世公认的经济发展奇迹。然而，随着社会财富这块“蛋糕”越来越大，如何分配好这块“蛋糕”成了一个问题。尽管从沿海到内陆递次开放和鼓励一部分人先富起来的分配政策取向有其历史的必然性和

合理性，但也日益表现出历史局限性。群体之间、城乡之间、地区之间、行业之间的收入差距持续扩大，富者愈富、穷者愈穷的现象事实上已普遍出现。这种现象成为我国当前各种社会问题与社会矛盾的根源，因此，如何合理分配财富成为现阶段的一个重要的研究课题。

当前我国收入分配领域中的突出问题可以概括为“收入低、差距大、欠规范”。一方面，在国家、企业、个人的利益分配中，个人所得明显偏低，劳动力报酬占初次分配的比重、居民收入占国民收入的比重也一直在持续下降（不包括极少数特殊行业人士，如演艺圈人士等）。另一方面，与“收入低”并存的现象是“差距大”，贫富差距、行业差距、城乡差距、地区差距均在持续扩大。其中，衡量贫富差距的基尼系数在 20 世纪末达到 0.4 的国际警戒线，近几年已攀升到 0.47 甚至更高。

导致“收入低”与“差距大”的原因主要是产业结构不合理、体制改革不到位、收入分配不公与分配秩序不合理。产业结构决定了行业从业者的收入水平，大多数劳动者从事低端产业，造成了居民的整体收入水平偏低。

导致收入差距持续扩大的根本原因应当是体制改革不到位、收入分配领域中的不公与失范，包括国企改革、户籍改革、就业体制改革在内的各项体制改革还任重道远。初次分配长期向资本要素倾斜，再分配长期向城市倾斜，社会财富分配长期向强势群体倾斜，这些现象背后的原因是制度安排存在历史局限性，而国家转型期的某些突出矛盾又没有得到有效治理。财富分配的不公平导致了收入差距的扩大，而分配秩序的不合理又进一步导致了收入分配环境的恶化。

牛飞亮指出：“消费不能保持刚性增长，经济发展失去了动力，外贸拉动型经济发展模式便不可能向内需驱动型尤其是消费驱动型经济发展模式转变，产业结构优化升级受到了阻碍，中国经济的持续发展态势必然受到严重影响。而利益格局的失衡与收入分配秩序的失范，又将人们追求财富增长与积累的心态引向了不利于依靠劳动来追求社会财富增长与个人财富增加的边缘。劳动报酬长期偏低与持续下降，这会损害劳动本位、劳动致富的正常发展定律，甚至使人们的择业追求与致富努力方向发生巨大变异。”

贫富悬殊、利益失衡与秩序失范使社会矛盾变得尖锐，对抗与反社会的行为增多，从而影响社会的公平正义与社会和谐，因此，合理分配财富客观上已经成为解决当前诸多社会问题的前提条件，推进收入分配改革已经刻不容缓。面对失衡的利益格局与失范的收入分配秩序，必须尽快采取一揽子措施，在初次分配、再分配与第三次分配方面同时发力，对就业、户籍、公共资源配置、税收以及促进市场公平竞争等制度进行相应的调整。这是一项需要综合利用立法、行政、市场、司法乃至道德手段等多种工具才能奏效的宏大系统工程，必须在普惠民生目标明确、公平分配思路清晰的前提下进行。改革要在有综合配套的条件下坚定有力、持续渐进地推进。基于我国的现实情况及发展趋势，初次分配改革虽然是重点，但再分配改革更应当优先推进。初次分配涉及劳方、资方与政府三方的利益格局，只能采取小步渐进、优化结构的方案，而第三次分配在世界上任何国家或地区均只能起到微调的作用，因此，再分配改革在收入分配改革中十分重要。

二、商品定价的偏离使财富积累不连贯

在市场价格运行过程中，如果商品价格大幅度或长时间偏离价值，就极易引发产业或行业之间的不平衡，导致经济发展的跛脚现象，可

能引发金融乃至经济危机，最后导致社会财富减少，影响人们的生活水平。

商品的定价往往受到各种因素的影响，如果价格曲线围绕轴线价值上下波动且能够很好地维持在一个相对确定的数值范围内，呈现出规律性，那么这种价格就是正常价格。

人们要检验并确定商品的价格是否正常，往往是依据比较收益。总之，人们希望发挥其对于社会生产力的作用，使商品的生产数量与社会需求相一致。国家应该宏观调控生产单位生产商品的数量，使其既能够满足消费需求，又不至于造成积压和浪费。

在社会大生产并不发达时，社会定价只对商品的生产起参考作用，决定因素还是生产者和消费者的意愿和需求。当工业化来临，社会分工变细、生产工序增加、合作程度提高后，社会定价开始起主导作用，此时的劳动者往往需要适应社会定价。因为在商品生产过程中，某一个劳动者只参与了某一产品生产过程中一个很小的环节，简单地说，他不是生产的独立完成者，不起决定性作用，所以不能决定商品的价格。这个时候商品的社会定价完全是根据市场上商品的供求关系来确定的。

商品定价涉及的因素很多，包括生产者付出的劳动时间、商品的科技含量、市场的供需情况等。不同的商品，其价格高低的决定因素也是不同的。决定商品价格的关键因素之一是利润空间。目前市场上的许多商品特别是高科技产品，利润空间极大。商标注册、知识产权保护、产品内部保护技术等都影响了商品的价格。例如苹果手机的价格总是高出行业平均价格很多，这实际体现了专利的价值和知识产权的价值。一些高科技或者符合潮流需求的产品获取暴利的现象打乱了社会物品等价交换的规律和平衡，使社会财富分配出现倾斜。

商品在生产时是要消耗生产资料、投入劳动的，在生产过程的运行组织中是需要投入资本的，而商品在满足人们的某种需求时，便体现出其价值。从理论上讲，商品的价值是相对稳定的，而价格则是商品交换时的货币表达形式。价格是变化的，它会随着人们的需求增减而变化，也会因为社会生产能力的大小而变化，这就是市场规律。

商品的价格等于价值是偶尔的现象，商品的价格游离于价值左右才是正常现象。当商品的价格围绕价值在一定范围内上下波动时；我们认为经济处于正常发展状态；当商品的价格明显偏离了价值时，我们认为经济发展出了问题。价格明显高于价值会造成商品短缺甚至奇缺，严重扰乱市场秩序；价格明显低于价值则会打击生产者的生产积极性，导致生产萎缩甚至停止。

如果生产都停止了，那么财富也就停止增加，因此，政府要努力通过调控实现生产正常有序地开展，确保价格围绕价值上下波动。

三、社会诚信的缺失使财富积累不可靠

在经济和文明高度发达的今天，我们仍面临着严峻的社会对立现象——既有国家之间的矛盾冲突，也有社会阶层之间的利益冲突。我们是否应该冷静思考一下社会矛盾产生的根源，以及缓解和消融这些矛盾的方法？

按常人的思维定式，社会矛盾产生的根源归结为落后和贫穷。当社会财富不能满足人们的日常需求时，分配就是一个永远也无法平衡的天平——当社会成员中的一部分无法得到他们赖以生存的社会财富而社会管理层又不能很好地解决这个问题时，那么社会冲突就必然会发生。而发生冲突的结果就是社会生产受到阻碍，社会财富积累退步，

使社会财富短缺状况进一步恶化。但是，许多社会财富相对富裕甚至社会生产过剩的经济发达国家也会发生社会骚乱、出现社会冲突，难道是那里的人们也缺吃少穿吗？显然不是。实际上，那是分配不公和贫富悬殊导致的。例如英国屡次发生的公务员罢工和法国的“黄背心运动”，根源都在于此。

随着科技进步，世界经济已发生了深刻的变化，原有对经济社会的观察方式、思维模式、判断程式已不能适应当代社会的现实，需要作出调整。世界经济在近 50 年中不断地由各自为政向一体化演进，让人们更多地相信市场在经济运行中的主导地位和主导作用，而各国将在这一进程中逐渐变得相互依存，最终达到你中有我、我中有你的境界。但当今世界的经济秩序受到美国霸权思维的严重干扰。美国凭借其巨大的经济规模支撑下强大的军事实力，向世界传扬和输出他们的价值取向和政治意志，试图主导世界经济。长期以来，美元的国际货币地位不可撼动，原因在于美国为其提供信誉支撑。但如今美国似乎正在抛弃自己的信誉，总是为了自己的国家利益或者是某些利益集团的利益而不惜干涉他国经济，这使原本相对稳定的世界经济秩序陷入动荡。

一部分欧洲发达国家如瑞典、挪威、瑞士、丹麦、冰岛等，这些国家的社会长期处于一种相对稳定状态。这是因为这些国家努力在社会财富分配上尽可能做到公平，通过完善社会福利制度和社会财富的二次分配，使国民能够共享经济社会的发展成果，从而最大限度地缓和社会矛盾。不过，高福利也给这些国家的经济带来巨大压力，同时使得国家缺乏创新发展的动力。

在社会财富的分配上过于强调效率，则贫富悬殊和社会对立的现象难以避免，会造成大量社会财富的浪费或毁灭；而如果在社会财富的分配上过于强调公平，则会导致“平均主义”盛行，使社会发展失去动力。所以，强调效率与强调公平之间存在一个如何把握“度”的问题，这对执政者的水平提出了考验。

在国家这个宏观层面之下，“信用”也与我们生活的方方面面相关。

信用是依附于人、生产单位和商品的一种相互信任的生产关系或社会关系，它与道德相关，也与法律相关。信用本身不能创造财富，但可以使财富得到扩张、延续。

信用无法用货币来衡量，主观上它不能被折合成货币，但在实际生活中，信用往往是无价之宝，有时它甚至可以直接兑换为财富。

信用贯穿了商品交易活动的始终，因此，在商业时代，即便丢失财富，也不可丢失信用。财富失去了还可以创造，信用失去了就再也找不回来了。

第四节　社会财富积累面临的新情况

一、社会财富积累的可持续性

探讨社会财富积累的可持续性，就不得不再次提到社会财富的创造和分配。

在马克思看来，财富的创造过程实质上就是劳动过程本身，而财富的分配是利益在不同主体之间转移。财富是社会群体生存的依赖，其分配不仅关系到人们对社会公平的信仰，而且关系到社会稳定，关系到“生产—再生产”的循环。

财富的分配是一个敏感的话题。有一些人之所以对社会现状感到不满主要是他们认为社会财富没有被公平分配，正如古话“不患贫而患不均”所言。但在现实生活中，机会本就不平等，每个人能做出的贡献也不同，资本也很难有合理、规范的制度加以制约。穆勒在《政治经济学原理》一书中指出：“财富分配的差别比生产的差别还要大，因为分配规律在某种程度上是人为的制度，某一社会中财富分配的方式取决于该社会的法制或习惯。”穆勒所追求的是社会成员在创造财富时的起点公平和机会均等，而非实现分配结果的绝对公平。穆勒认为，人的自然禀赋不同，社会成员的受教育程度和工作勤奋程度亦不尽相同，因此市场竞争的结果会有差异。只要确保起点和机会均等，就算是“公平”的了。

经济学家帕累托通过研究发现，世界上 80% 的财富被 20% 的人占有，另外那 80% 的人仅仅拥有 20% 的财富，这便是著名的“二八法则”。我国也概莫能外。我国社会财富的积累量不断增大，积累速度不断加快，但社会财富的集中程度也进一步加深，少量的富裕阶层手中掌握了大量财富。美国经济学家克拉克在《财富的分配》一书中认为，在市场经济中，社会财富的分配受自然规律支配。克拉克总结了财富分配的三种规律：“第一种为消费资料效率变差规律，是自然价值的基础；第二种是生产资料效率变差规律，是自然利息的基础；第三种是劳动效率变差规律，是自然工资的真正起源。上述这些规律都是经济学的普遍真理。”①

与克拉克的观点不同，奥地利经济学家熊彼特从企业家创新的角度去理解财富的生产和分配，他认为创新的动力来自企业家。在熊彼特看来，凡是能进行创新活动的人都属于企业家。一旦某些企业家的创新能为其带去大量的利润，且这件事被整个社会都意识到，那么其他企业就会纷纷效仿，造成类似的新产品大量上市，导致价格下跌，高额利润丧失。为了能重新获得高额利润，企业家们不得不开始新一轮的创新。这种不断的创新最终实现了一国经济的蓬勃发展。

法国经济学家托马斯·皮克迪对社会财富的再分配有着自己的见解，他认为几乎所有的财富累积都是违反道德的，在社会财富分配的过程中要想实现公平公正，就要消除高薪并通过向富人征税来对社会财富进行再分配。

社会财富的分配在进入人类理想社会之前（在马克思所设想的理想社会里，财富极度丰富，人类觉悟达到一种极高的境地，人们以劳动为荣，社会分配方式是按需分配）是不可能完全满足所有人的需求的。即使是在生产出现过剩的状态下，产品也不可能按需分配。主要

① 约翰·贝茨·克拉克：《财富的分配》，王翼龙译，华夏出版社，2008，第42页。

原因有两个：首先，社会财富完全按需分配的话，社会资本就无法积累起来，社会再生产的投入就缺乏后劲，人们对探索新事物的积极性就会减弱，这对社会的进步和发展是不利的。其次，社会财富按需分配就是吃“大锅饭”，在这种环境中，人类本能中的惰性就会被充分展示出来，人们的进取心、奋斗精神会逐步衰减，社会发展会因此缺乏动力。

社会财富的分配如果完全不考虑各类人群的需求，那么又会导致其他社会问题，例如形成严重的贫富分化，使阶级对立和阶级矛盾日益尖锐，诱发社会革命，对社会财富造成巨大的破坏。原有的社会财富分配规则一旦被打破，大量已经形成和即将形成的社会财富便会消失。如果有相当一部分甚至是绝大部分社会成员在社会财富的分配中只得到很少的一部分，不能满足正常的社会生活需求（即不具备相应的消费能力），那么结果必定是社会消费不足，进而导致市场萎缩、产品积压过剩、生产停滞，社会财富的生产不能进入良性循环，最终可能导致经济危机爆发。这同样会使社会财富变少。

二、社会财富积累的质量与速度

社会财富积累的质量与速度问题，实际上就是经济发展速度的质量与速度问题。发展是一个综合概念，它包括社会各个方面的不断进步和完善。社会各方面的发展不是完全同步的，而最基础的一个方面是经济发展。任何社会的更迭、进步，最终都是靠发展经济，因此，经济发展的速度便关系到整个社会发展的速度。

我们可以从中国的经济发展入手来进行研究。

我国的经济增速从高速转向中高速再转向中低速，这一阶段性的变化和特征需要结合历史辩证地看待。按照人类经济社会的发展规律，每个国家的经济发展速度都不可能一直持续增长，总会有快有慢，只要增速的波动幅度在合理范围内，就是正常的。但中国经济发展的速度减慢并不等于中国经济发展不需要保持一定的增长速度，而如何确定一个合理的发展速度区间成为值得研究的课题。我国现在正在对经济结构进行调整，从过去注重经济增长的数字，到如今更注重经济增长的质量。在 2015 年 3 月举办的以“新常态下的中国经济”为主题的中国发展高层论坛上，美国纽约大学教授鲁比尼阐述了自己对中国经济发展的看法。在他看来，中国经济的发展要考虑三个方面：第一个方面是经济增长的质量。中国经济之前的飞速发展是以破坏环境为代价的，发展过程中还存在许多食品安全隐患方面的问题，因此，中国在未来发展经济的同时也要考虑发展质量，不能一味追求增长数字。第二个方面是要从资本和资源密集型增长模式转变为服务型增长模式。想要实现充分就业，发展服务业是一个很好的办法。第三个方面是增长的包容性。要实现经济的包容性增长，保证医疗、教育、养老等社会保障事业的发展，创造更多就业机会，实现经济增长的公平与包容。鲁比尼显然看到了中国经济增长中存在的一些短板，但还不够全面。

事实上，中国发展经济的指导思想早已发生了改变，经济发展也已步入新常态。中国正努力落实科学发展观，推进经济社会全面、协调和可持续发展，实现人与自然和谐发展。如何衡量这些目标的实现程度？这就必须认真研究并正确回答一个问题：应当采用什么样的综合指标来观察、显示和衡量一个国家的经济实力、经济规模和发展成就？20 世纪 80 年代，我国采纳了西方的国民经济核算体系，用 GDP 这一指标来衡量经济发展状况。然而，这一指标虽然方便实用，但它忽视了社会财富的构成及其源泉。这个问题已引起有关人士的重视。

实际上，在 20 世纪 70 年代，一些国际组织、国际研究机构和发达国家的有识之士就开始思考和探索建立更加科学、更加完善的经济核算体系，即所谓的“绿色 GDP”核算体系。目前已有 20 多个国家开始试行“绿色 GDP”核算体系，但在核算方法上并没有取得一致。我国有关部门也提出，在未来要建立起“绿色 GDP”核算体系，基本思路是在传统的 GDP 基础上增加某些有关资源、环境、社会、人文方面的影响因子。

GDP 集中表现产出总量，但没有完整地反映投入，特别是没有反映社会为此而付出的环境代价，即环境的污染和生态的破坏——这些在西方经济学中被称为社会成本。以企业排污为例，从企业角度看，支付排污费是对破坏环境的补偿；但从社会角度看，修复环境需要付出的代价应当用为恢复环境原貌需要牺牲的 GDP 来计算，若牺牲的 GDP 要大于生产创造的 GDP，那么意味着社会财富是负增长的，对整个社会来说是得不偿失。在工业化时代，GDP 与生态、环境之间存在此长彼消、相互转换的关系，因此我们不能走“先污染，后治理”的路子。由上述我们也可以明白为什么西方发达国家将高污染行业向发展中国家转移。

中国经济由之前的高速增长转变为目前的中低速增长，这实际上是一种结构更优化、质量更优良的中高速增长，且实际增量依然可观，对世界经济增量的贡献率保持在 30% 左右。过去，中国经济的增长由投资驱动，如今，工业化、城镇化、农业现代化、信息化成为支撑中国经济增长的重要动力来源，深化改革更是给经济注入了源源不断的活力。随着财税、投融资、价格等领域的市场化改革不断深入，消除市场准入限制、促进公平竞争的措施接连推出，中国经济势必会再次腾飞。

三、社会财富的浪费

人类创造了大量的社会财富，同时浪费了大量的社会财富。导致社会财富被浪费的原因有很多，但基本可以概括为“天灾”和“人祸”两大类。

“人祸”主要包括以下几种：

（1）战争。战争是人类某些利益集团为了确保其既得利益、增加其对社会财富的占有份额发动的对同类的攻击行为。战争对社会财富的积累造成极大的破坏，包括阻碍生产活动、毁坏社会财物、增加国库支出、破坏自然环境等。

（2）重复建设。城市建设缺乏规划和协调，过度建设道路、桥梁，频繁修路、搞面子工程等都是对社会财富的巨大浪费。

（3）商品的生产和流通过程出现问题。商品生产过剩、储存不当、流通不畅都会给企业造成损失，同时也对社会财富的积累产生负面影响。

（4）过度消费。积极的消费有利于扩大内需，促进经济增长，但过度消费会取得相反的效果。

“天灾”主要指各种人类难以抗拒的自然灾害，如水灾、旱灾、地震、飓风、海啸、火山爆发等，此外还包括一些影响力巨大的流行性疾病。它们都会造成社会财富的严重消耗。如 2008 年 5 月 12 日的汶川地震除了造成惨重的人员伤亡外，还造成直接经济损失 8451.4 亿元。

第三章　社会财富与经济发展关系问题研究

古典经济学的代表人物亚当·斯密在《国富论》中论及一个国家财富增加的途径时指出，社会的财富增加应寄望于个人财富的累积，社会需要以“看不见的手”来调动个人追求自身利益的积极性。个人财富增加，社会财富便会随之增加。亚当·斯密认为，应当尊重经济自身的发展规律，尊重个人的趋利性，允许民众追逐利益和丰富自身的物质生活，进而实现国家的富裕。亚当·斯密在其所处时代提出的富国富民思想更多是出于社会商品与服务供应不足，需“做大馅饼”的考虑。但如今遇到的却是通货紧缩现象，大量的商品与服务没有市场销路，这带来另外一种类型的财富难题：过多的商品与服务供应需要依靠国内公众持续和扩大的消费来消化。只有通过这种方式才能有效促进经济增长，否则社会财富不可能再有新的增加。

第一节　社会经济发展的落点

一、社会经济的发展模式

1. 直线发展模式。

这种模式在局部、一个相对较短的时间内可能存在，它符合“静止是相对的，运动是绝对的”这一理论，特点是平稳。但政治、经济、社会事业等不可能做到完全同步，因此社会经济在短暂地直线运行后，就会因各种矛盾加剧而发生变革。

2. 螺旋发展模式。

这种模式只存在于某些领域，如科学技术领域。科学技术一般会随着社会经济的发展进步而不断进步，但也会有例外，例如因社会动荡等止步不前。总体而言，科技进步是一个必然趋势，科技水平总是呈螺旋上升之势。

3. 抛物线发展模式。

社会经济的运行轨迹呈抛物线形状，表明社会发展的速度与政治的开明程度成正比。社会经济的稳定有赖于政治的稳定，反过来，社会经济动荡又往往会催生政治变革。

4. 曲线发展模式。

曲线发展模式是社会经济发展的常态模式。在这种模式下，社会经济就像一个篮球，如果社会管理者能正确运用力量，把握好拍球的方向和着力点，那么社会经济的发展就像被拍着上台阶的球，在一起一落中逐步上升。

曲线发展模式涉及几个关键性问题：

（1）方向问题。要向上运球，而不是向下运球。

（2）原动力问题。篮球的气要足，否则就不可能弹起来。

（3）施力点问题。从上方施力，球落地后反弹有力；力用偏，球的反弹减弱，且可能偏离方向。

（4）起落规律问题。球起球落是外力作用的结果，球不可能弹到无限高，反弹高度是有极限的。要想控制好球的起落，一要保证能持续施力，不能拍几次就用完了力气；二要把握好拍球的力度，确保球弹到适当的高度，易于掌控。

（5）台阶问题。台阶表面平整，则球不易弹歪，即社会要平稳，政治要开明，社会财富分配要合理，生产力水平发展要均衡；台阶高度适当，则拍球轻松，即既要防止浪费力气（资源），又要防止用力不足。

（6）手指的运用问题。伸开五指运球，才能控制好球。经济要均衡发展、多元化发展、协调发展、多层次发展、统筹发展，要综合考虑民族、宗教、文化的因素，要兼顾城市和农村，要兼顾全球利益与国家利益。

经济在社会的不同发展时期有不一样的发展轨迹，有时是一条直线，有时是一条斜线，有时是一条曲线，有时是“L”形，有时是“V”形，但从长期来看还是呈螺旋式上升，在进退交替中不断向前。

二、经济发展与市场需求

在市场经济条件下，商品的供求是由市场决定的，这种关系体现在商品的价格升降上。价格发挥杠杆作用，引导生产商调整生产规模和生产节奏。基于此，从理论上讲，商品的生产或者说社会财富的创造应该由市场来决定。但现实生活中的情况却并非完全如此，原因有两个：一是生产具有超前性而市场信息反馈具有滞后性，市场的调节作用往往要慢一拍；二是在商品竞争十分激烈的今天，许多商品的生产者需要靠规模效应来实现盈利，生产规模倾向于扩大化。政府要想调节好商品的供求关系，就要在评估、预测的基础上，充分运用其行政手段和政策导向，影响和调整全社会的经济走向和生产格局，促使社会生产规模与社会消费需求处于合理的区间，实现整体平衡。

通过“需求弹性”的概念，我们可以很直观地理解市场经济的供求关系。商品的需求具有弹性，即在其他情况不变的前提下，人们对这样或那样的商品的需求会发生变化，一般情况下，需求会随拥有量的增加而递减。递减的速度也许比较慢，也许很快。如果需求是缓慢递减，那么商品价格一般不会因供应量增加而大幅度下降，反而有可能出现商品价格小幅度下降之后需求量大幅度增加的情形，例如生活日用品，其价格的大幅度下跌很容易带来需求量的激增。商品价格越高，其需求弹性越大。但需求弹性是会随着价格的下跌而下降的，如果商品价格下跌到底线，那么需求弹性就消失了。

一般来说，商品充足则价格便宜，商品短缺则价格上升。商品价格一般会随需求量的增加而上升，但价格上升到一定程度之后往往会回调，而当供应量大到足以供人们饱和使用时，其需求量将降至极低的水平。目前市场上一些并不紧缺的商品价格虚高，这种现象大多是炒作所致。

自然价格的成因是竞争。商家竞相为公众提供服务的过程就是竞争的过程，因此可以认为自然价格就是竞争价格。不管是合法调控还是垄断，都会使价格变成不自然。

换一个角度来看，商品的价格取决于这种商品的社会定价阶层，也即商品的消费者。如果商品不停地涨价，他们就会因为负担不起或因感到价格与价值偏离太大而停购。

假定某一商品 A 的市场消费量为 x，其基础消费人群的数量也为 x，当 A 的价格在 M 与 M′ 之间时，基础消费人群都愿意购买 A，而当 A 的价格大于 M′ 时，基础消费人群会选择功能相似的替代品。M 为 A 的生产成本，M′ 则是生产成本加上合理利润。

显然，当 A 的价格小于 M 时，A 的生产会受到影响。如果不考虑商品生产的规模效应，那么商品 A 的合理定价（假设为 Mx）应符合不等式 $M<Mx<M'$。

又假设在基础消费人群之外还有一个潜在消费人群，数量为 y，对于这部分人群，A 的合理定价为 My，则 My 要小于 Mx，即有不等式 $My<Mx$。

对于在基础消费人群中的销售，设 M=100（元），M′=200（元），生产量与销售量均为 x，则有以下式子：

$100<Mx<200$（元）

生产成本 $=M\cdot x=100x$（元）

产值 $=M'\cdot x=200x$（元）

利润 = 产值 − 生产成本 $=100x$（元）

利润率 =100%

若生产商希望定价在满足基础消费人群期望的同时还能吸引潜在消费人群前来购买，并取得更高的利润率，那么可用式子 $(My-M)\cdot y>(M'-M)\cdot x$ 来寻求最终定价。在这一不等式中，唯二的变量是 My 和 y，不难看出，决策因素集中在潜在消费人群身上，My 就是最终定价，潜在消费人群的需求和购买能力成为 A 的最终社会定价。而且由于 y

越大则 My 越小，因此理论上 My 可以无限趋向于 0。

商品的价格变化会对消费者的消费数量产生影响，但边际产品（包含且不限于生产要素的边际产品、劳动力的边际产品等）的价格不完全因消费数量的变化而变动。克拉克曾作出这样的判断："对价值的全面研究应当涉及很多方面。其中之一，就是价目表中任何一种商品的涨价，都可能会使原本属于某一阶层的购买者在收入不变的情况下拒绝购买商品 F。只要原本并非边际商品的商品一有涨价，各阶层购买者对边际商品的需求就会受到抑制。此外，一旦商品涨价，则不论是商品 F 还是其他任何一种商品，都可能会从采购单中被剔除；而另一种商品，比方说商品 G，就可能取而代之。各阶层的购买者都有各自的边际商品，对他们而言，那种商品的效用在调节该商品的价格上有直接影响……"①

再来看一看产业发展与市场需求的关系。

随着科技进步，新的产业不断出现，新的产品不断推出。新产品的生产者们该如何判断新商品的市场需求，确定自己的生产规模？对于生产者来说，首先要明确新推出的产品是不是替代型产品，这对于判断市场份额非常重要。如洗衣机这类产品，一般来说每个家庭只需要一台，假设平均每个家庭的成员人数为 2.5 人，那么全国 14 亿人约合 5.6 亿个家庭，洗衣机使用寿命一般为 7 年，换算下来，全国家庭每年的换新需求为 0.8 亿台，所以全国洗衣机的生产规模达到 0.8 亿台即达到饱和状态。

最后要强调两点：

（1）商品的市场占有量（份额）是会达到饱和的，而且同类产品

① 约翰·贝茨·克拉克：《财富的分配》，王翼龙译，华夏出版社，2008，第 189 页。

具有排他性，这是在确定生产规模前要重点考虑的因素。

（2）需求受制于消费承受能力，而民众消费承受能力的提高有赖于其自身生产力水平的提高或者得益于财富的二次分配。如一个人原来靠人力只能种10亩地，使用机械进行耕种并用信息化手段进行管理之后，可以种500亩地，种地产出就增加了几十倍。相应地，他能获得的收入也大幅增加，消费能力变得更强。但如果一个人或者一个地区在某个时间段内生产力水平毫无进步，那么该人或该地区消费能力的提高更多依赖于社会财富的二次分配，如一些贫困户和贫困地区。

三、经济发展过程中值得思考的问题

衡量一个国家的经济发展水平主要有以下几个指标：

（1）GDP。

（2）国民人均收入。

（3）就业率与失业率。

（4）居民消费水平。

（5）社会保障水平。

（6）科技发展水平。

（7）生态环境。

这些指标能够从不同方面反映社会的进步程度和社会生产力的高低，但都有一定的局限性。衡量一国经济发展水平是否提升，最好的办法是看该国的社会财富是否增加。

社会财富会因消耗而减少，又会因扩大再生产而得到补充。如果“生产—积累—消耗—减少—扩大再生产”的循环能够使社会财富不断增加，那么说明社会在不断进步，经济在不断发展，人民的生活水平在不断提高。

研究经济发展的状况，需要关注以下几个方面：

（1）社会财富占有比例的合理性。

假定某一个国家的 GDP 为 W，其中国家占有部分为 W1，少数富人占有部分为 W2，中产阶级占有部分为 W3，一般群众占有部分为 W4，则有等式 W=W1+W2+W3+W4。

W1 实际是为全民所有，其中的一部分为国家机器运转所需，一部分为国家促进经济发展、实现再生产所需，一部分为公共事业所需。

W2 实际是少数富人的垄断资产，这些资产的支出方向主要有三个：一部分用于满足富人们的奢侈消费，一部分用于投资扩大再生产，一部分用于社会公益事业（例如富豪建立的福利基金）。

W3 的使用方向与 W2 基本相同，只是在总规模和支出数量上有所区别，特别是用于社会公益的资产较少。

W4 基本上只能用于满足一般群众的日常生活需要，主要用于吃、穿、住、医、养老和教育。

W4 关系到的人群数量最为庞大，只有他们的收入得到增长、消费水平提高，才能真正拉动和刺激消费。如果他们的收入不能得到合理的增长，他们的消费积极性就会受挫，整个社会的消费指数就会下降。这个时候就会出现以下的情况：有消费需求的人群无消费能力导致产品积压、生产过程受阻，富人和中产阶级两个人群的收入随之减少，从生产到扩大再生产的循环不能继续。

从生产到扩大再生产的循环被破坏会导致社会就业岗位减少，失业率增加，W1 中用于公共事业的支出必然增加，促进经济发展的再生产投入减少，经济陷入衰退，人们的生活水平下降，最终引发社会动荡。

从生产到扩大再生产的循环被破坏会导致 W2 缩水，富人们将资产用于投资扩大再生产的信心下降，缩减甚至终止生产建设项目，导致社会经济发展乏力、就业岗位减少、员工收入水平下降，社会消费信心进一步下降。

从生产到扩大再生产的循环被破坏对中小企业的冲击巨大，而中小企业主又是中产阶级的主要构成人群，因此 W3 同样会大幅缩水，导致中产阶级投资创业和创新的积极性大大降低。

如果各社会群体占有社会财富的比例不合理，使得占人口比例最高的一般群众只能追求基本的生存生活条件，那么以上的链式反应就可能会发生，导致社会财富减少。

不同人群占有社会财富的比例是否合理决定了经济社会能否可持续发展。

（2）社会财富创造与生产力的关系。

在社会财富创造总量不变的情况下，生产力水平的高低决定了经济社会可否持续发展，关系到人们生活水平能否提高以及生产和消费能否良性互动。

在改革开放之前，我国农村劳动力基本上都在家种地，由于耕种技术落后，农业产出少，收入也低，农村家庭的收入仅够维持一日三餐，填饱肚子而已，根本不敢奢望有其他享受。改革开放后，先进耕种技术的使用使土地产出大大增加，农村不再需要那么多的劳动力，大量的富余劳动力外出打工并获得了比之前高得多的收入。他们经过若干年的努力，给家里翻修了房屋，购买了洗衣机、电视机、电冰箱等电器，购买了养老保险、医疗保险，摒弃了存钱养老、防老、防病的习惯，消费观念彻底改变，消费信心大大提升。以上就是中国农村在改革开放前后发生的变化——村民的生活水平提高了，受教育程度提高了，综合素质提高了；农业生产水平提高了，农村产业结构得到了改善；道路、通信、文化等软硬件都大幅改善。相伴而来的是社会财富的增长。如果没有改革开放，农村的生产力水平没有得到提升，广大的农村仍处于落后和贫困的环境中，那么广阔的农村市场就不可能发育，社会消费需求不可能大幅增加，社会财富也难以快速增长。

（3）虚拟经济与实体经济的关系。

虚拟经济于社会经济发展的效能与激素药物于疾病的效能差不多。股票、期货、基金等虚拟金融工具只能在经济发展过程中起刺激作用或者催化剂的作用——股票涨停并不能直接创造社会财富。它们的作用只是将社会上分散的、闲置的资本集中起来，投入实体经济中，帮助实体经济解决在从生产到再生产过程中的资金短缺问题，又或者只是通过影响价格来刺激和调节某种商品的生产规模。

因此，虚拟经济必须遵循市场规律，根植于市场土壤，服务和服从于实体经济。政府必须按照法律赋予的权力，对虚拟经济进行有效的监控和管理。一旦虚拟经济脱离实体经济，就必然会形成经济泡沫，导致广大投资者受损，企业破产关闭，民众消费信心下降，商品流通受阻，就业岗位减少，金融危机、经济危机爆发，社会财富减少，社会维稳压力加大。

（4）社会财富创造的有效性与社会财富浪费。

有人举过这样一个例子：故意将一块好的玻璃打碎再换掉就能增加GDP，因为这引发了生产和消费，但实际上社会财富并没有因此增加，反而造成资源的浪费。前文提到过的建筑推倒重建现象的性质与此相同。统计数字上显示的社会财富增长，不代表社会财富真的增加了，相反，可能代表社会财富被浪费了。

（5）社会财富创造过程与资源、生态的关系。

创造社会财富的过程中必然会消耗社会资源，包括可再生资源和不可再生资源，如果社会资源特别是不可再生资源得不到充分利用，那么这种过程实际上是对社会、对人类的犯罪。

例如建设大量的小高炉、小电站、小冶炼场等这种以牺牲自然资源作为代价去追求经济增长的做法是不可取的，这不仅浪费了大量的自然资源，而且严重污染环境，破坏原本就很脆弱的自然生态。而恢复环境和生态所付出的成本要远大于获得的财富。这种“杀鸡取卵”式的社会财富创造过程是得不偿失的。

（6）需求与供给之间的关系。

经济的发展应该像一条河流。如果各类商品的生产都像马克思说的那样是根据消费需求按照一定的规模或比例进行的，那么经济就会处于一种有序的、规范的运行状态，也就是河水处于稳定流淌的状态。但现实并非这样，河流中的水总是时急时缓，有时河流还会改道。

如果河流的某一段突然变窄或者地势落差变大，水势就会变急变险。类似地，当大量的资金（资本）积压，找不到投资方向时，容易出现盲目投资的现象，投资成功率降低会造成社会财富的极大浪费，也给社会经济运行带来风险。

如果河流在某一段突然流速变缓，那么有可能是因为水面变宽，有可能是因为地势落差变小，还有可能是因为水中泥沙淤积。我国历史上，人们为免受黄河水患之害，不断加高河堤，而河堤加高之后，随着水中泥沙不断淤积，黄河河床不断抬高，人们又不得不再次加高河堤，反反复复之下，黄河变成了地上河，一旦决堤，危害更甚。同样，当市场上某一种基础商品（如粮油、能源等关系民生的商品）供应紧缺或价格虚高时，整个市场的物价都会上涨，继而导致原材料价格上涨、工资上涨，逐渐形成一条物价的“地上河”。

综上所述，在经济发展过程中，一是要关注社会财富是否真实增加，能否通过从生产到再生产的循环实现人们生活质量的提高；二是要形成良性的互动，让生产和消费成为相互依存、相互促进、共同发展的共同体；三是要注重实效，讲究投入产出比，也就是生产效率；四是要使资源利用效率最大化和环境影响最小化，使生产和社会活动符合科学发展观的要求；五是要讲求社会公平，控制和调整好社会财富的分配比例，这是刺激和拉动消费需求的关键，也是预防经济危机周期性爆发的关键；六是要协调好需求和供给之间的关系，这才能保证经济的“河流”平稳流淌。

四、经济发展过程中的政府定位

政府主要通过以下两个工具来对经济运行进行宏观调控：

一个是经济政策。运用经济政策来调整分配关系已成为世界各国的通用手段。在20世纪30年代经济大萧条时期，美国有针对性地实施了一系列经济政策，这些经济政策在增加就业、消除贫困、恢复经济增长等方面发挥了极为重要的作用。中国政府更是擅长运用经济政策来对多个经济领域进行调控。为了缩小区域间经济发展的不平衡，政府制定实施了区域发展战略（如西部大开发、振兴东北老工业基地、中部崛起等）；针对城乡收入差距持续拉大的现实状况，政府适时推出了建设社会主义新农村的政策；针对不同行业间收入分配不公的现实问题，政府及时进行了工资收入分配制度改革……可以预见，在未来，经济政策必将在收入分配领域发挥更为重要和积极的作用。

另一个是社会政策。大量事实证明，政府通过构建和实施积极的社会政策，使社会成员在经济发展的同时普遍享受到经济发展的成果，是保证经济可持续发展和社会分配公平公正的重要手段。因此，我们必须高度重视社会政策对经济和社会发展的积极作用。

实践证明，在维护经济稳定运行上，完全依靠市场调节往往会显得力量不足，必要的计划在一定阶段和一定领域内是非常有效也十分必要的。市场经济并非万能，政府强有力的干预往往能对经济运行态势起到很大的改善作用。哪怕是在发达的西方资本主义国家，政府干预对经济的作用仍然是决定性的。

当然，经济的发展关键在企业，没有企业和企业生产，经济活动就是一潭死水。企业生产的规模和效益是由市场和所生产的产品的价格决定的，因此，政府控制价格不宜过密过严，否则会产生严重的负面影响。

在市场经济环境下，商品占有市场份额的多少决定了商品的生存前景；而计划经济环境下，商品的市场竞争力对其生存并非起决定性作用，某种商品只要拿到计划，便有了生存前景。市场经济对资源配置起决定性作用，它可以提高整个社会经济活动的效率，但同时也会造成收入分配差距扩大。因此，要完善国民收入分配制度，逐步缩小收入差距，就需要充实和发挥政府的宏观调控职能，强化政府在统筹经济与社会发展中的作用。

第一，要正确处理公平与效率的关系。世界各国的发展实践表明，正确处理公平与效率的关系是促进经济发展与社会和谐的重要环节。国际上一般以基尼系数来衡量一个国家或地区的居民收入分配公平与否：基尼系数小于 0.2 时，意味着该国或地区的居民收入分配过于平均；基尼系数为 0.2 ~ 0.3 时，意味着该国或地区的居民收入分配较为平均；基尼系数为 0.3 ~ 0.4 时，意味着该国或地区的居民收入分配比较合理；基尼系数为 0.4 ～ 0.5 时，意味着该国或地区的居民收入差距过大；基尼系数大于 0.5 时，意味着该国或地区的居民收入差距悬殊。通常把 0.4 视为贫富差距过大的警戒线，一旦基尼系数超过 0.4，就容易引发社会动荡。1981 年，改革开放伊始，我国的基尼系数仅为 0.29，但在十余年后的 1994 年，基尼系数就超过了警戒线，达到了 0.44。在 20 世纪 90 年代初期，我国收入分配的基本原则是“效率优先，兼顾公平”，而近年来，我国提出“发展社会主义市场经济，初次分配和再分配都要兼顾效率与公平，既要提高效率，又要促进公平”，这完全符合我国的现实。

第二，要合理调整政府、企业和居民的分配格局，即调整政府、企业、居民三者在国民收入初次分配和再分配中的比例关系。近年来，政府与企业收入增长较快，而居民收入增长较慢。要想改变这种收入增长不对称的现象，就应对收入分配格局进行调整，通过政府让税、企业让利，使居民收入不断增加。

第三，要不断提高农民的收入水平。农民是我国人口的主体，不断提高农民收入水平是解决“三农”问题的重要途径。国内外的经验表明，要想提高农民的收入水平，仅靠市场机制是不够的，必须同时强化政府的作用。除了要继续调整农产品价格结构，提高种粮直补和其他补贴，加大对新型农村合作医疗和农村最低生活保障的扶持力度之外，还应放宽农民进城的条件，逐步使农民工在劳动报酬、子女就学、公共卫生、住房租购、社会保障等方面与城镇居民享有同等待遇，加快农民工融入城市的进程。此外，要帮助农民提升综合技能，使农民在市场分配中的竞争能力得到提高；要通过调整产业结构，帮助农民实现自主创业、自谋职业，增加收入。

第四，要加快公共财政建设步伐。长期以来，我国的财政支出都是以支持经济建设为重点，而公共福利和社会事业支出占财政支出的比重相对较低。未来，政府应逐步增加在教育、科技、卫生、文化和社会保障等领域的投入。特别是在社会保障方面，应不断提高最低工资标准、最低生活保障标准等。

第五，要强化对收入差距的调节。政府可采取多种方式来调节收入差距：通过税收手段，如完善个人所得税制度、开征物业税等，限制高收入阶层的收入；通过财政手段，如加大转移支付力度等，扶持落后地区发展；通过行政和法律手段，限制垄断行业职工收入的过快增长，打击各种非法收入；等等。

虽然新古典主义经济学的核心主张是支持完全自由的市场经济，但是，在经济运行过程中，社会、法律、舆论、政府必须对市场经济运行环节中的人为操作进行监督，如果在这个问题上做得不好或不够好，自由经济有可能像失去控制的汽车，最终导致事故发生。政府在市场经济中必须既有所为又有所不为。

虽然经济体系是根据市场的指令运转的，最终是市场的指令起作用，而政府在经济体系中起到的只是次要作用，但出于诸多原因，经济体系对市场的指令不能作出及时有效的回应或只能作出不完整的回应。因此，政府必须对市场的指令进行修正或作出补充，以确保经济体系在服务公众时能更好地发挥作用。

政府强有力的干预对经济的运行往往会起到巨大作用，即便是在发达的西方资本主义国家，政府对经济的影响仍然是决定性的。

第二节　社会生产对财富积累的决定性作用

一、没有生产要素的合理配置就没有生产循环

人类社会要实现从生产到再生产的循环，就必须解决好分配特别是初次分配的问题。分配不合理会挫伤劳动者、投资者、科技人员的积极性。要基于生产要素（劳动者、资本、土地、技术、管理、知识、数据等）的参与程度和市场贡献程度来进行分配，以调动各生产要素参与生产的积极性，提高生产效率，推动经济社会创新发展和转型升级。

这一方法在理论层面上是切实可行的，但从操作层面来看会遇到一个难题，即各生产要素贡献大小的评估及分配比例的确定问题。如果劳动报酬所占的比重小了，那么劳动者的积极性难以得到发挥，社会共同富裕的目标也难以实现；如果资本回报所占的比重小了，投资者得不到应有的回报，那么投资信心势必会降低，这又将严重影响从生产到再生产的良性循环；如果土地回报所占的比重小了，那么土地所有者宁愿让土地闲置……所以，要健全各类生产要素参与经济生活的方式及报酬决定机制，不断拓展和创新收入分配的方式，实现分配的公平合理，从而促进生产、增加财富，助力共同富裕的实现。

第一，要从农村土地、金融资产等方面入手，拓宽人们的财产性收入渠道。要强化农村土地政策的制定和实施，盘活“三地一房”——宅基地、自留地、林地（山地）和农房。同时，要结合美丽乡村建设的推进，盘活农民的资产，增加农民的财产性收入。

第二，要推动资本市场稳定健康发展，不断创新和丰富居民可投资的金融产品，促进上市公司分红激励机制不断完善，同时进一步规范房地产市场，支持居民合理拥有住房资产，提升居民的财产性收入在可支配收入中所占的比例。

第三，要不断增加技术、知识、管理等要素收入。这就要求企业要充分发挥股权、期权的作用，激励科研人员推进技术创新，实现科研成果转化，提高生产效率和产品质量。

第四，要建立数据要素分配机制。做到这一点的关键是要让数据市场健康运转，让数据在采集、整理、挖掘、运用的过程中实现其价值，在经济活动中既参与生产，也参与分配。数据要素参与经济活动的方式和分配比例还有待我们进行积极探索和研究。

二、没有社会分工的细化就没有生产效率的提升

（一）社会分工细化是社会进步的表现

社会分工是指社会不同部门之间和各部门内部的分工。目前我国一般将社会分工的大类确定为农业、工业、服务业，即第一产业、第二产业、第三产业。这三大类社会分工还可以继续细分，如农业还可以分出种植业、畜牧业，工业还可以分出重工业、轻工业、信息产业，服务业还可以分出商业服务、金融服务等，这些次一级的分工也叫特殊分工。社会分工的细化，有利于明确各劳动主体的责任和职责，有利于生产单位实行专业化管理，有利于劳动者提升个体的专业能力，也有利于整个社会劳动生产力的提高及财富的增加。

社会分工细化是社会进步的表现，是提高生产效率的重要途径，

也是影响社会财富创造的重要因素。把社会分工细化后，某些工人只用从事某一环节的劳动，他们的生产熟练程度因此大幅度提高，于是用同样数量的工人可以生产出更多的产品。社会分工细化的普遍性在高科技产品的制造中体现得尤为明显，一件产品的生产往往就涉及许多行业，由许多部门共同参与完成。

从本质上来看，社会分工细化是一种更加专业化的劳动方式，它用几个人或多个人的短时劳动来替代一个人的长时间劳动，从而大幅提高生产效率，推动社会进步，有利于社会财富的快速积累。

（二）社会分工细化的直接效应

社会分工细化产生的直接效应有四个：一是单个劳动者的工作变得更单纯，熟练程度明显提高。二是劳动者的职能更加单一或者说更加专一。现实生活中有许多专业人士，他们一辈子就做一件事，并将这件事做到了极致，最终成为一个领域内的专家。专心、专一地做一件事情可以减少职能切换产生的损失。三是一些原本复杂的社会职能因分工细化而变得简单。四是生产过程因为分工细化而显得条理清楚、目标清晰，同时使管理成本降低、管理效能提升。

社会分工细化是需要投入的，也是有成本的，它有赖于经济和社会的发展。在社会事务层面，分工细化要有政策、资金和人力的支撑。在社会生产层面，分工细化有赖于科技的进步。科技进步使生产过程的规模化、机械化、集约化成为可能，并且在最大程度上释放了人的劳动创造性，使新兴职业、产业新业态、生产新模式层出不穷，并伴随着职业更替周期的缩短。

随着社会的发展进步，劳动变得越来越复杂，由于每个人的能力和精力都是有限的，因此必须通过分工合作才能完成复杂的劳动，创造出财富产品。无论是家电、汽车，还是轮船、火车、飞机、飞船、火箭，它们都是复杂劳动的产品，也是社会财富，而要创造这些社会财富，绝非一人、一单位之力所能及，甚至对于那些工业门类不齐的国家也难以独立完成。

一份关于瑞士钟表制造业的资料称，每一块瑞士钟表都是由无数个家庭作坊合作制造的，每个作坊只生产其中的一个零件。正是这种将零件做到极致的工艺，使瑞士钟表名扬天下。这其中体现了生产和财富创造的联系。

人的生命是有限的，而人类的知识和技能是在不断发展和丰富的，因此我们没有必要也不可能把所有知识和技能都学懂弄通，能在某一个领域或某一个知识点上精通就不错了。正因如此，人类需要合作、配合，形成合力，才能创造更多、更高质量的财富，以满足人民日益增长的美好生活需要。

第三节 社会消费对财富积累的拉动性作用

美国经济学家西蒙·库兹涅茨曾在20世纪50年代提出“库兹涅茨曲线”，该曲线揭示了收入分配随经济发展的规律——收入差距将随着经济发展逐步扩大，但当经济充分发展进入稳定时期之后，收入差距便开始逐步缩小。如果用横坐标来表示经济发展的不同时期，用纵坐标来表示收入差距，那么在坐标图上将得到一条呈倒“U”形的曲线。

在改革开放前30年，我国的经济保持了较快增长，但居民收入差距却日益扩大，经济增长与收入差距的相关性表现与库兹涅茨倒“U”形曲线的前半段变化趋势基本一致。一个国家的经济运行是一个复杂的大系统，影响因素和影响机制错综复杂，但发展经济的最终目的还是实现居民的收入增加，让全体人民共享改革发展的成果。因此，我国一直致力于经济发展和居民财富增长关系的研究，以找出更合理、更有效的发展方式，实现居民收入的普遍增加，缩小贫富差距。

就现阶段来看，我国东部和西部、城市和农村仍存在一定的贫富差距。东部沿海地区和城市的人们收入相对较多，生活较为宽裕，而西部地区和农村则相反。究其原因，不外乎如下几点：第一，人力资本差异导致收入差距过大。老少边穷地区的劳动力向外延伸，越来越多的农民和西部地区的劳动力离开故土，去到东部的大城市就业。但受知识水平所限，他们主要从事劳动密集型的工作，这类工作往往收入较低。第二，行业收入差距过大。例如，高新技术产业、金融业的从业人员普遍有较高的收入，而从事传统农业和部分传统工业的劳动者的收入普遍较低。此外，行业的垄断性也对收入具有重要影响。第三，一些学者认为，当前的市场调节机制存在缺陷，市场发育不完善，从而引发市场不公平竞争问题的出现，导致收入差距过大。

面对随着经济增长和社会发展而出现的贫富差距过大问题，主要解决方法如下：第一，发展经济要兼顾效率与公平。过分提倡“自由竞争”只会加大贫富差距，并进一步激化社会矛盾。政府应依托市场，加强宏观调控，完善税收制度和社会保障制度，提高最低收入标准。同时，要加强思想道德教育，弘扬正能量，纠正炫富、仇富、奢侈浪费的不良风气。另外，要实现效率与公平的有效统一，但这实际操作起来非常复杂——既要在分配过程中考虑贡献程度，不搞平均主义，但又不能使差距过大。如何把握好这个度，还需要进一步探索和研究。第二，要完善政策制度，加强对中西部地区、老少边穷地区的政策倾斜。这些地区拥有丰富的未被开发的自然资源，政府可以为这些地区提供政策和资金扶持，帮助其大力发展种植业、养殖业、旅游业等。此外，人才是关键，政府应提高这些地区基层工作人员的薪资待遇，留住人才；同时，加大对这些地区的教育投入，大量培养当地人才。第三，实现农村劳动力的就地转移。当前仍有大量的农民想要离开原本生活的土地，但他们在城市的发展空间往往受限。因此，政府可以通过发展相关产业，实现农村劳动力的就地转移。可以借鉴东部地区的庄园经济发展模式，通过购买或租赁土地经营权，向社会招商融资，统一规划、开发、管理，发展旅游业、种植业、养殖业等。另外，中小企业是转移农村剩余劳动力的重要渠道，政府应鼓励发展一批小而专的企业，协调小企业间的供需配套以及和大企业的衔接配套，大力发展农业产业集群，健全现代农产品市场体系，吸引更多的农村剩余劳动力就近就业。第四，要转变经济增长方式，不断扩大内需。扩大内需的关键有四点：一是要让多数人的收入增加；二是要让多数人敢于消费；三是要让消费的结构更趋合理；四是要让国家投资保持合理性。现在人民生活富足了，政府应该更有力地引导和刺激消费。不过，消费的信心最终还是来源于收入以及社会保障的完善程度。只有当居民的日常生活有保障，生病不用担心医疗费用，老有所依、老有所养时，整个社会的消费信心才能树立起来。

一、没有消费就没有生产

消费虽然可以被视为“负生产”，但消费和生产是相辅相成的。没有生产自然就没有消费。生产是为了消费，消费又反过来引导和促进生产和再生产。人们不仅生产物质产品，也生产各种服务及其他非物质产品，并将它们消费掉。

马歇尔认为，生产改变了产品的形态和性质，贸易和运输改变了产品的外部关系，并对产品进行了分类。其中一类为必需品，即为满足必须满足的欲望所生产的东西。他还指出，“必需品”这个词的比较旧的用法只限于大体上足以使劳动者能维持自己和家庭生活的物品。当任何人消费的物品少于维持效率所严格必需的物品时，就会产生损失。因此，当我们研究劳动供给有效形成的原因时，必须详细研究各种维持工人劳动效率的必需品。[①]

必需品是指满足人们日常基本生活需求的生活用品。但人的需求是多方面的，并且会随着经济社会的发展而不断变化，如人们纳凉的工具由扇子进化到电风扇和空调。

当谈论社会消费需求时，应该注意两个衡量指标：社会生存消

① 阿弗里德·马歇尔：《经济学原理》，廉运杰译，华夏出版社，2005，第57—58页。

费需求和社会能力消费需求。一般情况下，两者应保持相对均衡，如果两者之间差距增加，那么说明社会购买力下降。大量的社会人群属于消费群体的边缘人物，他们有消费的需求和欲望，但却没有消费的能力。

当社会出现贫富分裂甚至贫富对立时，就业率往往会下降，就业质量往往会变低。当社会稳定性差，政治、经济形势波动大时，社会成员的消费担忧会增加，消费信心减弱，很容易引发恶性循环。一旦恶性循环启动，其结果将是社会财富不增反减。

随着居民的财富积累越来越多，居民的消费种类也不断增多。消费种类的增多说明家庭分工在细化。这一变化客观上又对社会分工和社会就业形态的变化产生了影响，例如从工作岗位回归家庭成为家庭主妇的女性越来越少，这成为现代家庭服务业兴盛的诱因。人们将大量的家庭事务外包给服务公司或家政服务从业人员，从而释放更多时间去消费和享受生活。这一趋势推动了现代家庭服务业的发展。家庭是社会的“细胞”，如今它比以往任何时候都更具变化性和灵活性。随着社会进步和经济收入的多元化，女性作为家庭“附属品”的角色逐渐淡化，其社会活动和经济收益的独立性日益显现。如今，女性消费成为家庭消费的重要组成部分，尤其是在电商平台飞速发展的背景下，女性的消费能力进一步增强，推动了许多与女性消费相关的产业发展。

在市场疲软时，刺激消费是提升市场活跃度的一个有效方法。但盲目地刺激消费也有害处，因为人们的需求是相对稳定的，供给也要与之匹配，保持在一个相对稳定的状态，不能随意打破这种稳定状态。一般来说，仅在商品供给过剩的情况下才有必要去刺激消费。当供求基本平衡时，刺激消费只不过是将消费时段提前罢了，这会影响正常的生产秩序，造成经济波动。盲目地刺激消费最终也会造成社会财富的浪费。

二、没有生产就没有消费

消费是生产的目的，一切有益的消费都产生利益，但其中许多有价值的利益却并不直接有助于物质财富的生产。人类社会生产的目的是消费，但人类社会的进步表现为人们生活变得更好。因此，社会一方面要通过生产、再生产来为人们提供更多的产品，也就是通过生产循环和扩大再生产来增加产品的量；另一方面要通过生产层级的提升，生产出更高质量的产品，以满足人们对生活质量的需求。

马克思在《〈政治经济学批判〉导言》中充分论述了社会再生产的四大环节：生产、分配、交换、消费。这四大环节贯穿于经济循环的全过程，决定循环的通畅程度和良性发展。马克思明确指出，生产是一种双重的消费：个人在生产当中发展自身能力的同时，也在生产行为中支出和消耗这种能力，这同自然的生物生长过程类似；生产资料的消耗既包括原材料的消耗，也包括生产设备和其他辅助材料的消耗。马克思强调消费也是生产，这是一种辩证统一的论点——消费使产品成为“现实的产品”，同时也创造出新的生产需求。

从马克思的论述中我们可以推导出三点：一是生产为消费提供对象；二是生产创造消费；三是生产带来材料的使用需求。因此，我们可以得出这样的结论：没有生产就没有消费，自然也就不存在交换和流通，建立在四大环节上的经济活动循环也就不复存在，创造社会财富就成了一句空话。

三、没有消费和生产就没有扩大再生产

生产资料在经过人们的劳动后成为产品，而产品的分配一般情况下可分为两大类：一类是变为再生产的生产资料，另一类是变为再生产劳动者的消费品。当然，在这一过程中，有一部分产品是需要通过交换才能成为适合再生产的生产资料的。同样，相当一部分消费品也是要经过交换才能得到的。如馒头的生产者，他们生产的产品就是馒头，而馒头是不能用作馒头的生产资料的，要想再生产馒头，需要在市场交换中把馒头变成货币，再用货币去买面粉等原材料，同时还要为机器、设备、工作场地、能源消耗等投入一些货币。同样，生产馒头的劳动者也不可能只吃馒头，他们还有其他衣、食、住、行等消费需求，而这些消费品需要通过交换来获得。

劳动生产出的产品在被消费之后是有剩余的，这些剩余的产品有一部分可以贮存一段时间，另一部分则要立即被转化为再生产的生产资料。

在“消耗—生产—再消耗—再生产”的不断循环中，产品的货币价值和使用价值得到增长，社会财富得到增加。如果只有消耗没有生产，那么随着产品的消耗，将会出现物资紧缺、通货膨胀的现象，社会财富就会减少。如果人们不敢消费或不愿消费，那么产品就会滞销、积压，导致生产过剩，大量的产品不能发挥其使用价值，造成生产资料和劳动力资源的浪费，进而导致资本减少甚至消失，给未来生产恢复带来阻碍。

当然产品出现剩余时，我们必须客观理性地分析是由于产品生产不均衡造成的还是产能过剩造成的，是真实的过剩还是虚假的过剩，再生产的过程是造成了生产资料和劳动力资源的浪费还是增加了社会

财富。

这又不得不提到计划经济和市场经济。计划经济的一个好处是可以最大限度地防止盲目生产，但容易受到很多不确定因素和人为因素的影响，而市场经济最大的优势在于其出色的市场调节功能，但各种利益博弈往往会打破市场的游戏规则，造成市场无序和混乱。无论是纯粹地实行计划经济还是市场经济，都会对社会财富的创造和积累造成负面影响。因此，我们既要发挥好市场这只“无形的手”的作用，同时也要发挥好政府宏观调控这只“有形的手”的作用，促使社会生产和再生产健康有序地循环发展。

第四节　社会流通对财富积累的促进性作用

一、流通是经济活动的重要环节

流通一般指以货币作为交换媒介的商品交换，包括商品买卖行为以及相互联系、相互交错的各个商品形态变化所形成的循环总体。广义的流通包含在商品流通领域中进行的生产过程，如商品的运输、检验、分类、包装、储存、保管等。

流通使社会生产过程永不停息、周而复始地运动，它是社会再生产的前提和条件。

流通是由社会分工和生产社会化引起的。原始社会末期，由于社会生产力的发展，农业和畜牧业出现了分工，产生了以物易物的商品交换。接着，手工业和农业的分工也逐渐形成，产生了直接以交换为目的的商品生产，使得商品交换经常化，进而产生了货币。商品交换就变成了以货币为媒介的交换，即商品流通。商品流通的过程可分解为两个独立的阶段——售卖过程和购买过程，即商品交换过程可分解为卖和买两个独立的行为。商品流通两个阶段的任何一个环节中断或受阻，都会使经济活动之间的联系无法实现，此时就有可能引发经济危机。商品流通进一步发展后，社会上出现了独立的社会经济部门——商业部门，承担商品售卖的业务。这时，商品流通达到了发达阶段。

流通不直接创造价值，但却是创造和实现价值的必要条件。经过流通领域之后，货币资金才能转化为生产资金，商品资金才能转化为货币资金。流通是资金形态不断转化和循环的过程。

流通在商品经济运行中的作用主要有两个：一是保证生产过程正常进行。商品被生产出来后，如果不进入售卖过程，那么资金就会以商品的形式积压起来，生产部门就不能继续进行生产；生产部门在生产之前，如果不购买生产资料，生产就无法进行。二是通过商业部门专门从事流通领域的活动，生产部门能腾出更多的时间和精力去从事生产，节省劳动花费和劳动时间，从而扩大生产规模，提高经济效益。

二、流通是实现价值的必要条件

亚当·斯密在其著作《国富论》中有这样的论述："所换回的这些商品肯定有一部分是用于雇用劳动者及维持劳动所需的原材料、工具和食品。劳动人民会再创造他们所消费的全部价值，并有所获利。社会的呆滞资本因此变成活动资本，并推动比以前更多的劳动。"

在商品流通的过程中，价格是一个重要的影响因素。价格和价值常常不一致。商品流通中，如果流通环节增加了，那么商品的价格往往会高于商品的价值。另外，商人的恶意操作也会导致同样的结果。

商品尤其是小宗商品进入流通领域，很多时候能为商品的生产者节约大量的销售成本。如果生产者直接销售自己生产的产品，销售成本往往很高。从财富创造的角度看，批发和零售业的发展，包括现代电子商务和现代物流业的发展，都为社会财富的创造和创造成本的降低起到了积极的推动作用。

但是，在商业社会中，商品流通环节也可能被人为增加，导致商品销售成本变大，进而使商品的销售价格远远超过商品的价值。这会大幅度提高消费者的支出，影响消费者的消费信心。如山东国光苹果，中间商给果农的收购价是每公斤 4 元。正常情况下，算上运输费和销售成本，零售价应在每公斤 6 元才较为合理，但实际上市场售价高达每公斤 12 元左右，这令许多居民难以接受。在这种情况下，愿意消费国光苹果的家庭数量大幅减少，而这也正是前几年山东苹果大量滞销的原因。无论是中间商哄抬物价甚至囤积居奇，还是各项附加成本提高，都会导致商品价格严重偏离其价值。

价格背离价值现象的另一个重要成因是流通成本增大。典型情况有三类：一是市场运营成本过高，如运输费用、店面租金、仓储费用等过高；二是附加成本过高，如店面过度装修、商品过度包装；三是促销成本过高，如生产商不把精力和财力用在技术创新、打造精品、提高产品质量上，而是用在追求虚名、聘请名人代言以及花巨资做广告上。有些企业一年的产值只够付广告费，然而最后广告播放时间还未达到预期，企业先破产了。

所以，对于并不直接创造社会财富的流通环节，我们应该辩证地去看待和把握。一方面，我们要认识到它对促进商品交换、提升商品交易成功率、实现商品消费的最大化具有不可替代的作用，但同时我们也应该看到，当商品受中间流通环节的影响，价格严重背离价值时，流通环节对于商品的扩大再生产就不再起促进作用，而是起负面作用。它制约了消费规模，挫伤了消费信心，破坏了生产和消费之间的正常关系，甚至破坏了社会财富创造的进程。例如当年山东苹果滞销时，收购商拼命压低苹果的收购价格，严重损害了果农的利益，挫伤了果农种植苹果的积极性，同时也扰乱了正常的市场秩序。

三、流通中的重要影响因素

本部分主要解决两个问题。第一个问题是，既然明确了流通在整个经济活动中的重要地位，那它具体是如何对经济活动进行影响的呢？第二个问题是，既然我们已经明确了影响因素，那么当遭遇负面影响时，应该如何解决呢？

先来看第一个问题。要了解这个问题，就不得不提到两个重要的概念：一是贸易差额，二是生产和消费差额。贸易差额是指一国在对外贸易中，出口总额与进口总额之间的差额；而生产和消费差额则是指一国在一定时期内生产的商品、提供的服务的市场价值与同期内居民消费的商品、享受的服务的市场价值之间的差额。

首先，在探讨这两个关键概念时，需要注意对于那些不参与对外贸易的国家而言，尽管它们与世界其他地区没有往来，但其生产与消费水平不可能完全一致，因此会产生一定的差额，这种差额就属于生产和消费差额。但是在经济全球化的大趋势下，有些人会在潜意识中默认世界上所有国家都需要进行进出口交易，从而会将这两个概念等同起来，或者混淆起来，这是不正确的。

其次，在上述观点的基础上，我们可以大胆地做出两个推断：第一，即使在贸易差额对某一特定国家不利的情况下，依靠生产和消费差额，该国仍然有可能创造财富；第二，如果生产和消费差额不利于国内发展，依靠贸易差额也仍然有可能为该国创造财富。所以，面对国际贸易，我们需要保持清醒和理智，在采取具体的措施时，应明确两点：一是我们需要国际贸易，但不应强求；二是我们可以采用激励方式，如提供奖金和优惠，以此吸引各方参与购买。

最后，要注意“度”的把握。适度的差额可以刺激生产活动，推动经济发展，但是差额过大或过小，都会引发不良现象的产生。差额如果过大，容易造成资源的浪费；差额过小，则会导致商品供求不均衡。例如在 2010 年三季度，美国大量印发美元，导致美元贬值、人民币升值，同时导致商品价格普遍上涨，进而引发通货膨胀。这一事例充分显示出把握差额的“度”非常重要。

由上可知，贸易差额及生产和消费差额对经济活动的影响是显而易见的。接下来我们来看第二个问题：如何有的放矢地预防两者对经济活动造成的负面影响？我们依据现有的理论知识，借用西方经济学的经典认知，以上述2010年的事件为切入点，进一步探究该案例的内在机制，以方便我们后期对类似事件进行研判和预防。我们主要从以下三个维度进行剖析：

维度一，按照美国经济学家克拉克关于财富分配的观点来分析。克拉克认为流通是一个重要的环节。没有流通就没有交换，没有交换就没有商品，没有商品就没有交换价值，自然也就没有价格。流通环节出现问题，要么是由于流通价值得不到充分体现，流通不畅，生产受阻；要么流通环节因过于冗长复杂以及某些参与者的贪婪行为，造成重商轻农轻工现象，影响生产。顺畅的流通是保证商品价值的基础。只有当流通环节得到充分的重视和优化，商品的价值才能得到充分体现，从而促进生产的顺利进行，为消费者提供更好的消费体验。

维度二，顺畅的流通需要专业的机构来运行。美国经济学家康芒斯认为，最好的工业生产机构是通过管理交易实现了技术要素合理配置的机构，最好的商业经营机构则是通过买卖交易使买方和卖方实现了合理匹配的机构，最好的持续经营机构则是那些技术和经营精准有效协调起来的机构。[①] 根据康芒斯的观点，我们可以得出以下三个结论：第一，最好的工业生产机构不仅是实现技术要素配置的机构，更是实现有效管理交易的机构。这些机构通过合适的交易管理，使得技

① 本·塞利格曼：《现代经济学主要流派》，贾拥民译，华夏出版社，2010，第177页。

术要素得以合理配置，从而实现工业生产的最佳效果。第二，最好的商业经营机构不是简单的买卖或交易的机构，而是能够使买方和卖方实现合适匹配的机构。这些机构通过有效的市场机制和商业运营模式，使得买方和卖方能够更好地匹配，从而实现商业经营的最佳效果。第三，最好的持续经营机构是在技术和经营方面实现精准有效协调的机构。这些机构将技术与经营有效地结合起来，使得技术和经营能够相互促进，从而实现持续经营的最佳效果。

维度三，在本次事件中我们发现，物价上涨并未给农民和生产者带来实际利益，反而使中间商收益颇丰。这表明在商品流通的过程中，社会财富容易发生转移，更多地流到了非生产性阶层的手中。所以，这种财富的转移不仅在一定程度上加剧了社会贫富分化，还容易引起社会内部的冲突与矛盾。于是，这里出现了一个有趣的现象，即如果无商则无流通，无商则无增值；但是过度重商，则损害农业和工业。因此，我们应该对商业持肯定的态度，但不应过分夸大其作用。同时，在商品流通的过程中要对主次和“度”有所把控。

当然，上述事例的发生有它的特定条件，即经济和贸易的全球化。在贸易全球化的今天，不同的国家和经济体之间进行商品和服务的相互交换，推动世界市场和国际贸易机制的形成和发展。

针对这一特定条件引发的问题，孙国强在其著作《全球学》中提出了两种路径，或许能为我们解决这类问题提供一些思路和方向。在第一条路径中，资本的短期大量流入形成外债，进而导致贸易逆差。如果对此采取绝对自由化的政策，利率将上升，从而抑制投资，导致资本外逃，各方逼债，对对冲基金造成巨大冲击，进而导致货币贬值，甚至引发金融危机，最终可能导致国家破产和历史倒退。在第二条路径中，特定国家如果长期出现国际收支顺差，而美国不断从这些国家进口并对外投资，这些国家的国际收支顺差将进一步扩大，而且这个过程会不断循环往复。[①]

这种全球化现象带来了很多问题，比如政治上不平等和发展上不平衡。尽管生产地域得到了拓展，但是核心技术并没有得到很好的转移，这导致许多发展中国家的生产过程仍然限制于低端产业链，缺乏自主创新能力和品牌竞争力。此外，环境污染和资源消耗等问题也加剧了全球化对环境的负面影响。

因此，为了避免上述事件再次发生，在推进全球化的过程中，政府应该加强监管，规范跨国公司的行为，推动技术转移和产业升级。同时，国际社会也需要加强合作，共同应对全球化带来的挑战，推动全球经济的可持续发展。

① 孙国强：《全球学》，贵州人民出版社，2008，第135页。

第五节　社会投资对财富积累的推动性作用

在对生产、消费及流通环节有了充分的了解之后，投资作为一种特殊环节，相较于前述三者呈现出更为复杂与多元的特点。投资环节是基于生产、消费和流通基础之上的一种综合性再生过程，因而在这里我们将它作为一个单独的部分进行理解和分析。

投资是指国家、企业或个人为了特定目的，通过与对方签订协议，将资金、实物等货币等价物投向特定领域，以促进社会发展并实现互惠互利的过程。投资行为是由特定经济主体在未来可预见的时期内获得收益或实现资金增值的动机驱动的。根据投资的具体形式，可分为实物投资、资本投资和证券投资等不同类型。实物投资是指将货币投入企业，通过生产经营活动获得一定利润；资本投资是指通过购买企业发行的股票或公司债券，间接参与企业的利润分配；证券投资是指购买各种有价证券，以获取利息、股息等收益。在基于多种投资形式的基础上，本部分主要就社会投资对生产循环的推动、货币和利息对社会投资的影响、审慎决策对投资风险的作用等几个方面进行探讨。

一、社会投资为生产循环注入动力

从金融学角度来看，投资是一个货币向资本转化的过程，即国家、企业或个人，出于某种特定目的，通过与对方达成具有法律约束力的协议，对特定事业进行资金投入，用于推动发展，加速社会进步，并最终实现互利共赢。投资不仅包括资金的投入，还涵盖实物等货币等价物的投放。这一系列经济行为的目的是在未来某一时期获得回报或实现资金增值。

（一）投资在经济系统中的多重作用和影响

作为驱动经济发展的关键因素，投资在经济系统中扮演着至关重要的角色，对社会财富的塑造和分配产生着深远的影响。下面，我们从消费、利润与劳动价值、储蓄三个方面，探讨投资在经济系统中的多重作用和影响。

1. 投资与消费。

昔日观念中，有人将投资视为消费的一种表现形式。关于这一观点，本文暂且不予评述，但我们认为，投资与消费虽密切相关，实质上却不等同。

首先，两者的目的侧重点不同。投资侧重于后期所获得的回报，这种回报可能是物质上的，也可能是精神上的，强调长期性和稳定性。而消费则关注于满足当下需求所带来的体验，该行为更多地关注现在，而非未来，更注重品质和满意度。

其次，两者考虑的因素不同。根据时间先后，投资可以分为跟踪投资和超前投资，每种投资都有其独特的风险和回报，而且大部分风险和回报成正比例。如果将这两种投资进行比较，后者比前者风险要大得多，因此后者的回报率也要比前者大得多。所以，我们必须考虑风险和收益的平衡，力求在保证本金安全的前提下，实现资产的增值。而消费作为需求的一种表现形式，其决策过程需要充分考虑预见性和果断性。预见性是指在消费决策中，对未来的需求和可能出现的风险有一定的预判，以便作出合理的消费计划；果断性则是指在面临多种选择时，能够迅速做出决策，避免因犹豫不决导致的消费失误。所以，消费要权衡为满足需求的预期投入与实际获得价值，更看重商品的品质、性价比和口碑，易受到个人喜好、情感和社交因素的影响。

2. 投资与利润、劳动价值。

在投资活动中，劳动市场的稳定性对投资成功与否具有重大影响。而在劳动市场中，利润与劳动价值的体现至关重要。如何理解劳动价值与利润之间的关系？按照西方经济学理论，只有当利润减少时，即资本家得到的部分减少，劳动者所获得的部分（劳动价值）才会增加。简单来说，它表明在一个静态的经济系统中，利润的减少可能是由于劳动者获得了更多的价值，反之亦然。这样的理论在现实经济环境中确实有所体现，就像我们观察到某些商品的价格会随着工资的增长而上涨一样。

如此一来，是否意味着通过简单的减少或压缩利润，就能使劳动价值上升，从而认定这是一个积极的现象呢？答案并不尽然。举例来说，我国农民工的工资水平正在逐步提高，依照上述理论推断，利润的部分应相应地逐步减少。表面上看来，这似乎是一件好事，但深入剖析后可发现，如果在原本就有限的利润空间上继续压缩，必将给产品生产和加工的企业带来极大的压力。为了生存下去，这些企业面临着一个艰难的抉择：是提高产品售价以应对生产成本的增加，还是压缩利润空间以保持商品价格的稳定？如果不采取措施，他们将难以适应这种经济环境，将面临倒闭或破产。因此，我们可以得出两个结论：第一，劳动价值的波动并非完全与利润相关，而劳动价值的增长也不能单纯地被认为就是有利的。第二，尽管从宏观经济的角度出发，企业在寻求新的利润空间时，应注重优化产业结构、推动产业转移、提升科技含量等策略的运用，但必须认识到，尽管工资的涨落不会改变价值，但资本的耐久程度以及回流至使用者手中的速度，一定会对利润产生影响。如果资本周转的时间长，而利润又过低，这将会严重挫伤资本对长线效益项目的投入。

因此，商品的价值与劳动者的工资报酬不匹配无疑是一个警示，提示我们需要密切关注市场流通环节是否存在问题，进而判断劳动力市场是否稳定，并将其作为决定是否进一步投资的依据。在这个时候，一些传统的经济学理论可能不再适用于当下的实际情况。因此，我们需要跳出传统的经济学思维框架，从更深层次的角度去分析问题，寻找解决方案。

3. 特殊的投资——储蓄。

对于储蓄这一投资行为，我们需要从两个层面进行全面深入的解析。第一个层面，储蓄可以看成是对未来消费结构的优化。在考察个人储蓄行为对未来消费品行业发展的影响时，我们应明确其核心目标在于优化当前的消费结构，即通过合理的储蓄与消费策略，实现消费结构的转型升级，而不是以未来的消费需求替代当前的消费需求。在我国，消费者信心指数和储蓄率密切相关，较高的储蓄率通常意味着消费者对未来消费有较高的预期。因此，引导和调控个人储蓄行为，有助于激发消费潜力，进而推动消费品行业的持续发展。

第二个层面，如出现预防性储蓄，则需要合理引导。有观点认为“个人储蓄可能会暂时抑制就业量的增长，但从长远角度看，其对财富持有欲望的增强也能刺激投资需求，进一步推动投资生产”。然而，此观点未充分考虑储蓄的另一重要动机，即预防性储蓄。由于社会保障体系的不完善和物价上涨等因素，中国大多数普通储户的预防性储蓄动机较强，投资欲望几乎为零。同时，随着物价上涨和货币贬值，人们往往会选择预期效益较高的投资项目以实现保值或增值，但此类投资行为可能引发诸多风险，对我国整体经济循环具有负面影响。因此，对于个人储蓄行为，应寻求当前消费与未来发展相平衡。同时，政府和社会各界应重视社会保障体系的完善，以降低预防性储蓄，促进消费需求的增长和生产的良性循环。

（二）投资与生产、分配、消费、流通、投资、再生产的循环关系

为了确保人类的繁衍生息，生产、分配、消费、流通、投资和再生产等环节必须形成一个不断循环的过程，这一过程对于维持人类社会的持续发展具有至关重要的意义。

先说生产。挂在树上的果子虽然是大自然赐予的，但还是需要通过采摘这一劳动过程来获得。现代社会的商品，更是需要通过有计划、有组织的生产过程，甚至是十分繁复、细致、科学的生产方能实现，是多要素组合产生的结果。关于分配，在前面有专门的章节进行了阐述，在此不再赘述。

当然，生产的目的是满足人类的消费，但不生产又何来消费？没有消费又如何刺激生产？于是两者之间形成了一个小循环。当商品经济发展到货币经济的水平时，一切商品便不再是为了自身消费而生产，所有的产品都是为了通过交换产生价值、创造利润，实现财富的增加。通过交换把商品转换为剩余价值或资本积累，这是在生产—消费的小循环外，形成了一个更大的循环，即流通的形成。流通不仅实现了人类的短期目标，还成就了人类的长期目标。

当人类有生产资料、劳动力资源以及用于再生产的资本时，为了追求资本带来的利润，便需要进行投资。如果没有投资，就没有生产与再生产，也就没有产业优化和升级的可能，更无法形成人类生存的循环链条。

所以在商品生产过程中，每一个环节都是必要的，不可或缺的。在每个环节的决策和推进过程中，应尽可能尊重市场规律，辅之以政

府或组织的调节，特别是在资源的配置、劳动力的使用、投资的方向上更应该发挥市场的决定性作用。

（三）投资对就业的助推作用

从经营性角度来看，投资是一种牟利性活动，当个人购买投资性物品或资本性资产时，其实质是获得这些物品或资产未来收益的权利。那么，这与就业有何关系？它又是如何影响就业的呢？接下来，我们将对其中隐含的关系从正、反两方面进行深入剖析。

首先，我们假设原有的其他条件不变，加大资本性资产的投入。如果这部分投资一方面能让企业内部资产配置得到优化，同时能让产品所涉及的领域和种类向市场需求的方向拓展，则这不但有利于企业竞争力和市场份额的进一步提高，增加生产获得的总体价值，更有利于就业岗位的增加，进一步促进内部员工高质量就业的实现。

反之，我们假设原有的其他条件不变，加大资本性资产的投入，但投入的方向仅限于提高产品生产规模。随着科技的发展，现有机器设备生产的产品数量增加，在需求量一定的情况下，产品价格不升反降。在商品流通领域出现滞销或销售价格低于生产成本的情况下，企业为挽回劣势，通常会选择以下两种途径：一是采取促销策略，然而这一措施仅适用于短期应对，若市场已饱和，促销手段亦无法从根本上改变局面；二是停产，通过控制生产规模及开发新产品来调整策略。无论选择上述哪种路径，对于企业中已就业的群体，以及未来拟就业的群体，抑或是期望通过产品研发与升级加入该企业的潜在就业群体，就总量来看，均难以实现就业机会增长的目标。

所以，投资对于就业的影响虽然不是最直接的，但是如果运用得当，符合大势，则可以通过资本助推，促进项目产业化综合体的可持续发展，使投资成为创新创业项目孵化的重要手段。然而，若运用失当，投资也可能成为加速企业衰亡和就业形势恶化的推手。

二、投资决策的核心考量：货币因素

在投资领域中，货币是一个不可或缺的重要元素。作为投资活动的基础工具，货币在市场和经济体系中发挥着至关重要的作用。它是推动市场交易和经济增长的关键因素之一，也是任何投资策略中必须考虑的重要因素。在本部分内容中，我们主要解决两个问题：首先，我们需要了解货币因何而来、有何形式，以及当我们获取货币后应该如何合理分配。其次，在探讨货币价值及其边际效用的过程中，我们发现不同类型的人对货币价值的感知和接受程度不同，这些不同是因何导致，又是如何导致的。

（一）货币的形成、形式及分配

作为一个社会个体，我们在进行财产分配时要满足各种不同的需要，而价格作为衡量商品价值的标准，可以用来测量各种商品（或物品）的效用。如果各种商品（或物品）的价格是相同的，那么我们可以说这些商品的边际效用是相等的，这是因为价格反映了市场供需关系，而市场供需关系又是商品效用的体现。这个理论也被称为“边际效用论”，它的核心思想是通过边际效用的概念来解释价格的形成。因此，根据边际效用论，如果一个人在财产分配上满足了各种不同的需求，同时，为满足这些需求所付出的价格是相等的，那么我们可以推测，这些需求在他心中的价值也是相等的。这样，通过市场供需关系和价格机制的调节，个人可以实现资源的优化配置，从而推动整个社会的财富分配达到最优状态。

在劳动产品大量剩余的情况下，对生活必需品的需求要通过交换来满足，这使得商品的流通显得至关重要。然而，由于物物交换无法适应不断变化和扩大的需求，因此需要一种通用的中间媒介作为共同的交换标准。在这种情况下，货币应运而生，其发展历程从羊到金属，再到铜币、纸币、支票、银行卡以及支付平台。随着时代的进步和经济的发展，货币的形式不断演变，但其作为交换媒介的本质始终未变。

为确保我们的生活需求得到最大限度的满足，在获取货币收入后，我们需要考虑如何根据当前及未来的需求对其进行合理分配。主要从两个方面进行：一方面，我们需要考虑收入的变数。这是一个客观特性，大部分理智的人都会对其有类似的评估方式。因为收入可能会受到各种因素的影响，包括市场环境、个人能力、职业前景等，所以我们需要对收入的稳定性进行评估，以便更好地预测未来的财务状况。另一方面，我们需要考虑在不同阶段，我们愿意为提升幸福感所付出的费用。这是一个主观特性，不同的人会有不同的看法和评估方法，有些人可能更注重物质享受，而有些人可能更注重精神满足。因此，为提高幸福感所需付出的费用，需依据个人的价值观及生活目标而定，合理规划财务，确保幸福感与财务状况相协调。

（二）货币价值和边际效用的影响因素

在探讨货币价值及其边际效用的过程中，我们发现不同类型的人对货币价值的感知和接受程度不同，这是由于不同的人对折扣率的计算方式、货币生产弹性、货币流动性、货币发行的参照物等有不同看法。那么，它们是如何对人们的感知和接受程度进行影响的呢？

1. 折扣率计算方式具有“差异性”。

不同的人对折扣率的计算方式有不同的理解，这不仅影响了人们的节俭取向，还影响了人们的购买力和购物意愿。为了更好地理解这句话，结合现实中的生活经验，我们可以基于两个假设对它进行分析。第一个假设：个体普遍预期未来的财富状况将与当前相仿。这种认知反映了人们对于未来财务稳定性的期望，且在很大程度上决定了人们的储蓄和投资行为。基于这个前提，结合当前的经济状况和发展趋势，我们可以得出一个推论，即如果个体预期未来的财富水平与现在相当，他们可能会倾向于选择低风险的投资方式，如储蓄，或投资于风险较低的资产，然后通过积少成多的方式积累财富，以实现购置高价值物品的目标。

第二假设：一个人从可购买的商品中获得的满足感，在不同方面或许存在一定的差异，但总体上保持着平衡。如果运用边际效应解释该假设，可以理解为随着消费的增加，每单位商品的边际效用通常会减少。它表明，尽管人们的消费偏好和购买力可能会随时间和经济条件的变化而变化，但他们从消费中获得的总体满足感将保持一定的平衡。但事实上，要达到这种平衡并非易事。随着物价指数的上升，通胀因素对整个经济局势的影响变得极为显著，尤其是对货币的实际购买力造成了重大影响。过多的变数无疑增加了对社会预期收益或满意度的把握难度，平衡也变得无常。

2. 货币的“生产弹性”。

“生产弹性”是基于货币生产特性提出的概念。值得注意的是，在过去很长一段时间里，我们认为货币的生产弹性在长期和短期内均受到政府经济行为的严格制约，私有企业难以独自改变这一特性。与其他生产要素或商品不同，货币的替代弹性几乎为零。换言之，货币的交换价值直接决定了其效用。因此，当货币的购买力下降时，我们需要采取相应措施以控制货币的价值，并在货币需求增加时确保其购买力。于是，曾经有一段时间，人们对货币的认知是固定的、恒定的、稳定的、不可替代的。

但近年来，这一观点已发生变化。以美元为例，作为全球流通货币，经历数次金融危机后，尤其是经历了2008年的金融危机后，美元的结算地位出现了动摇。尽管在美国，美元的替代弹性几乎为零，但美元作为国际货币的地位已不再稳固。因此，人们对货币的认识逐渐发生变化，回归理性，开始重新审视货币的本质。

3. 货币的“流动性”。

在考虑影响货币价值的第三个因素时，我们必须重视货币的“流动性”。作为交换媒介，货币在正常社会环境和物价稳定的情况下，因持有成本较低，其流动性较强。然而，当货币的稳定性受到质疑时，人们对于持有货币的意愿会受到影响。例如，期货市场的过度操作可能导致泡沫形成，而融资市场上大量资金的流失则会降低市场投资者的信心，进而引发危机。在这种背景下，劳动力无法增加货币的供给，而货币则会成为人们集中追求的资产，导致流动性下降。

一方面随着金融衍生品的兴起，货币逐渐从流通和交换功能中淡出，转变为一种结算工具；另一方面，政府对货币价值的干预导致货币的相对固定价值出现大幅波动。这两个变化不仅对货币的稳定性产生影响，还对社会财富分配带来深远变革。在这种波动中，低收入和中低收入群体的财富积累可能会迅速消失，进而影响他们对生活质量的认可和对货币价值的感知。

4. 货币发行中“参照物”的选择。

在当前的经济发展阶段，货币发行量主要参照黄金存量。然而，这种做法在持续性和合理性方面已受到一定程度的质疑。由于成功路径依赖，我们常常在前人构建的框架内思考问题，这使得一些在当时正确的理论，在现今的社会背景下显得不合时宜。随着时间的推移，新的经济和金融工具如股票和期货等大量涌现，对货币市场产生了深远的影响。货币市场已经不再局限于黄金和纸币，而是呈现多元化的发展态势。

当政府试图对已经发生改变的货币市场进行扭转时，市场反应可能剧烈且难以控制。在这种情况下，政府可能会采取一些应急措施，如大量印制纸币导致货币贬值，或提高商业银行的准备金率以紧缩银根。于是，公众对货币及对货币价值的认知也会随之发生改变。其结果可能导致社会财富产生巨大损耗，影响正在进行的项目，甚至使企业陷入亏损及破产的境地。

这些推论并非我们凭空杜撰，在早期的西方经济学论著中就已经被多次提及。例如凯恩斯提出："假设消费倾向不变，当所有资产的本身利息率的最大者等于所有资本的边际效率的最大者时，再增加投资量是不可能的。在不充分就业的情况下，上述条件必然会得到满足。"[①]亚当·斯密在《国富论》中也提到："每个国家可以轻易流通的所有纸币的全部金额不会超过其所代替的金银的价值，或（在商业状况不变的条件下）在没有这些纸币时所必需的金银币的价值。……过剩的钞票一旦被换成金银，可以很快在国外寻找到用处；如果仍然保持着纸币的形态，在国外就可能没有一点用处，如果银行对兑付表现出任何困难或迟缓，到银行要求兑换的钞票还会更多。由此而起的惊恐必然

① 约翰·梅纳德·凯恩斯：《就业、利息和货币通论》，宋韵声译，华夏出版社，2005，第 181 页。

会使挤兑加剧。”[①]

为防止上述情况的发生，我们有必要深入思考货币发行量是否应根据社会财富的变化进行调整。这是一个复杂的统计问题，但其客观性和科学性必须得到重视。随着银行业的发展，流通领域并不一定需要纸币的参与。在评估货币发行量时，可以充分考虑一国经济发展形成的生产总量（GDP），并扣除消耗和浪费的部分，同时将固定资产投资创造的社会财富折算到年度社会财富中进行综合考量。具体措施可以归纳为：首先，政府应具备对债务状况的准确判断能力，这是实施宏观调控的基础；其次，相关职能部门必须确保纸币发行量适度，防止过度发行导致市场波动；再次，银行在放贷时应实施严格的限制，确保贷款规模在短期内可控；最后，单纯增加一国资本并非推动产业发展的有效手段。若要推动产业发展，应激活大量原本闲置的资本，使其重新创造利润，换句话说，就是要将这些闲置的资产转化为活跃的生产要素，从而为国家创造价值。通过将银行中的资本转化为实际生产所需的材料、工具和资源，才能重拾公众信心，最大限度地促进产业的发展，为国家带来长远的利益。

三、社会投资的“催化剂”：利息问题

（一）利息与利率

利息和利率是影响投资决策的重要因素。利息（Interest），是指货币资金流动和回流过程中产生的增值部分，也被看作是借款人（债

① 亚当·斯密：《国富论》，唐日松等译，华夏出版社，2005，第 221 页。

务人）为使用他人资金或资本而支付给贷款人（债权人）的报酬，又称子金，对应的基础金额是母金或本金。还有一种说法，认为资金所有者由于借出资金而取得的报酬来自生产者使用该笔资金发挥营运职能所形成的利润的一部分，利息是货币资金在向实体经济部门注入并回流时所带来的增值额。两种说法的描述角度虽然不同，但有殊途同归之意。其基本计算公式为：利息 = 本金 × 利率 × 存期 ×100%。这是现代经济学界公认的一种计算方式。

利率又称利息率，传统观点认为它的作用是平衡投资需求和储蓄意向。利率代表了资金需求与供给相等时的价格，就像一把尺子，衡量着资金的成本和价值。在经济学中，利率被视为调节经济活动的重要杠杆。那么，利率是如何对投资进行影响的呢？

首先，利率对投资需求的影响是显著的。当利率下降时，企业可能会觉得贷款成本降低，因此更有动力进行投资。这些投资可能会用于扩大生产、研发新产品、提高生产效率等方面。相反，当利率上升时，企业可能会觉得贷款成本增加，从而减少投资，以降低经营风险。因此，从传统观点出发，利率的变动对投资需求有着直接的影响。

其次，利率对储蓄意向的影响也不容忽视。储蓄作为一种投资的特殊形式，它与投资之间的关系已经在前一节中进行了解释，在此不再赘述。当利率较高时，由于存款的收益更高，人们会更倾向于储蓄；相反，当利率较低时，因为储蓄的吸引力相对较低，人们会更倾向于消费或投资其他资产。因此，利率的变动也会影响人们的储蓄意向和消费行为。

对于就业而言，在长期均衡的条件下，符合充分就业的利率数值只有一个。这是因为在劳动力供给曲线不变的情况下，市场机制会自动调节劳动力的供给和需求，使就业水平达到长期均衡。在这个均衡点上，投资资源的供给和需求相等，利率也唯一确定。然而，现实中利率的数值并不是一成不变的，它会受到货币政策、宏观经济环境、国际经济形势等多种因素的影响。因此，中央银行和其他经济政策制定者需要密切关注市场动态，灵活运用货币政策等手段来调整利率水平，以保持经济的稳定增长和充分就业。

综上所述，传统观点认为利率的作用是平衡投资需求和储蓄意向，并通过市场调节机制来促进长期均衡发展。但实际上，利率的变动是一个复杂的过程，受到多种因素的影响。因此，在分析经济现象时，我们还需要综合考虑多种因素，以便更全面地理解经济运行规律，并通过调控利率更好地达到财富运转的目的。

（二）利率、货币与债券的关系——基于“投机曲线”分析

当下的社会生活中，无论是个人还是企业，持有现金的主要目的都是为了确保其支付能力。带着这种动机所持有的货币，一方面是可以用来应对意外支出需求，另一方面可以用来抓住偶然的购买机会。为了让大家能更清晰地理解这句话的含义，我们将通过“投机曲线”来对这一行为进行更为详尽的解读。

经济活动中存在着一条能显示满足投机的货币需求量的变化和各种债务的价格变化之间的关系的连续性曲线，这条曲线就是“投机曲线”。它描绘了投机者在不同利率水平下愿意持有的货币和债券的数量，能体现以下几种关系。

第一，债券价格、市场交易量与利息率的关系。在交易过程中，银行起到了关键作用。银行通过买卖债券来赚取差价，从而影响市场上的利率。当银行用货币购买债券时，市场上可用的货币供应量减少，导致货币价格上涨，利率也随之上升；当银行出售债券时，市场上可

用的货币供应量增加，导致货币价格下跌，利率也随之下降。这是由于购买债券时，需要支付的实际利率会随市场资金的供求状况发生变化。

第二，利率与已发行的债券价格的关系。利率上调时，银行吸收存款和发放贷款的利率都会上升，于是发出的债券利率也会上调。如果债券利率上调，但当下发行的债券面值保持不变，那么对于已经发行且上市了的过往债券而言，其实际价格是下降了的；反之亦然。于是，我们可以得出一个结论：如果市场利率上升，则已发行的债券价格就会下降；如果市场利率下降，则已发行的债券价格就会上升。

第三，在均衡状态与充分就业状态下，市场上利率水平与存贷的关系。均衡市场状态下的利率一般会超过充分就业状态下的利率水平，这是因为要保证投资，就必须保证利率达到一定水平，这个水平会让大部分公众愿意将剩余资产投入信贷机构，促进储蓄与放贷，推动扩大再生产，保证充分就业。反之，如果市场上的利率低于这个水平，投机者预期未来利率有上升趋势，从而更愿意持有货币而非债券。这一行为又将导致即将发行的债券价格下跌，进一步降低市场上的利率水平。因此，为了保证充分就业，决策者需要使整个市场处于一种相对稳定和均衡的状态，市场上的利率需要适当超过充分就业时的利率水平。

总的来说，投机曲线描绘了投机者在不同利率水平下愿意持有的货币和债券的数量，而市场上的利率受到银行、市场交易量以及政府政策等因素的影响。在这样的前提下，货币流通速度的增加在一定程度上预示着利息收入的增加。另外，由于短期利率受到政府的影响较大，所以政府可以通过调整货币供应量或调整税收政策来影响市场上的资金供求关系，从而影响短期利率水平。

（三）利率对投资和就业的影响

在理想状态下，当利率下降时，企业借款的成本降低了，企业更有动力去借款并投资，这使得一些原本在经济上不可行的项目变得可行，推动生产种类和所需生产力增加。于是有人认为，低利率可能会刺激企业增加投资，进一步增加劳动就业岗位。然而，这个逻辑并不适用于所有的企业。

造成低息仍然无法推动投资和就业的成因是复杂的，一方面，即使在低利率的环境下，投资项目仍然被判断出盈利概率不高或风险过大，那么低息仍然无法刺激投资，其中的原因可能是市场竞争激烈、存在技术瓶颈、劳动力不匹配或其他生产要素供给不足。另一方面，即使低利率刺激了投资，也并不一定会进一步刺激就业。比如企业如果选择更少的劳动力和更多的资本来生产相同数量的商品和服务，那么就业机会可能会减少。再比如，如果工资水平不能适应低利率的环境，那么这可能会导致消费需求下降，从而影响到企业的销售量。销售量减少势必会造成该企业对就业劳动力需求减少，提供的就业岗位减少。于是，我们得到一个结论，仅仅依靠低息实现经济体制在均衡状态下的就业弹性为零是困难的。

（四）自然利率与投资

自然利率是从利息角度出发衍生出的另一个重要概念，它描述了在一定时期内，在储蓄和投资相等时的利率水平。这种利率反映了经济的潜在增长率和货币供应情况，它对于评估经济状况和制定货币政策具有重要意义。

在经济运行中，自然利率并不是一成不变的，大部分自然利率会受到经济环境和政策的制约和影响。首先，自然利率会随着经济环境的变化而变化。在经济扩张时期，因为储蓄量减少而投资量增加，自然利率可能会上升；而在经济衰退时期，因为储蓄量增加而投资量减少，自然利率可能会下降。其次，自然利率会受到政策因素的影响。如果政府采取宽松的货币政策和财政政策来刺激经济增长，那么自然利率可能会上升；相反，如果政府采取紧缩的货币政策和财政政策来控制通货膨胀及稳定经济，那么自然利率可能会下降。

如果在上述理论的基础上分析经济危机的应对策略，我们建议将恢复消费信心作为解决危机最关键的措施之一。在恢复消费信心的策略中，鼓励私人将大部分收入用于消费，或者选择一些他们认为最有价值且有能力购买的特定资产进行投资，应是一种较为有效的方法。通过这样的方法，可以刺激市场需求和经济增长，从而降低或避免信心危机，缓解经济下滑的压力。

四、投资风险难预测，审慎决策是关键

如果用投资的时间跨度来分类的话，可以将投资分为长线投资和短线投资两种类型。曾有人将短线的投入和收益行为定义为投机，而将长期的投入和收益行为定义为投资，这是因为从严谨、审慎的学术角度来看，投资应该更注重长期稳定的回报，也更具有重复操作性与可持续性。所以，与投机相比，投资通常涉及更长的时间范围，风险相对较小，而收益目标在于未来较长时间内获得稳定的资金流。类似于投资铁路这样的行为，投资者在铁路建成后通过运营获利的方式获得收益。只要管理得当，这种稳定收益的持续时间可能会长达 100 年、200 年甚至更长。虽然投资成本的收回周期较长，但稳定性较高，时

间越长，收益越可观。但是，我们需要明确一点，那便是投资并非毫无风险，一旦投资失败，投资者也可能面临无法盈利甚至无法收回成本的困境。

为避免上述情况的发生，投资者在每次投资时都需要保持严谨、稳重、理性的态度，充分考虑有可能出现的风险因素，并且尽力规避风险。具体而言，可以从以下几个方面着手：

一是要有效规避政策性风险。政策优惠和导向通常具有极大的吸引力，因为新政策的出台往往伴随着阶段性的利好，并为某些行业、地区和部门提供优惠。若能把握住这些政策红利，并将其应用到投资项目中，对于行业、企业的发展和个人收益都有积极的影响。然而，投资通常是长期行为，因此我们需要明确短期效益与长远利益之间的关系，并权衡其中的利弊。在追求政策红利的同时，我们更应关注投资项目的市场环境和前景，以避免陷入“政策陷阱”。

二是要努力规避非市场竞争风险。产业链的细化和高度分工使得企业无法独立完成整个产业链的构建，企业的生产和发展与产业链的正常运转、市场的生态环境紧密相连。一旦产业链中的任何环节出现问题，无论是横向还是纵向的，企业都将无法独善其身。例如，近年来美国发起的芯片限制措施，不仅对全球经济造成了严重影响，也对美国本国经济造成了负面影响。因此，投资者应该保持警惕，避免掉入“非市场竞争陷阱”，确保企业的稳健发展。

三是要防范人文环境风险。在评估投资项目时，务必对市场进行深入了解，确保产品能够被消费者所接受。同时，要关注企业文化与时代、环境的融合程度，避免因项目与人文环境的不适应而陷入“人文环境陷阱”。因此，在进行投资决策时，我们应全面考虑各种因素，确保项目的顺利进行。

除了上述风险外，投资者还需要警惕其他潜在陷阱，诸如“技术陷阱”“人才陷阱”“求新求异陷阱”“规模经济陷阱”等。在决策之前要慎之又慎，保持冷静、理智、客观的投资心态；在决策之后不要患得患失，保持超然、豁达、果断和坚定的心态。

第六节　经济发展与财富积累相关问题研究

一、调整产业结构以促使三大产业比例更趋合理

一些经济学家推崇西方国家的经济理论，认为一、二、三产业的结构比例应符合“三二一”的模式。这一模式包含两层意思：一是各产业的产值占国民生产总值的比重，第三产业应居第一位且占总产值的 60% ~ 70%，第二产业应居第二位，第一产业应居第三位。二是各产业的从业人数比也应是同样的情况。

这种看法不一定是正确的。

经济社会要取得发展，产业结构必须合理，但就一、二、三产业的比例来说，似乎并没有一个绝对正确的比值，“因地制宜”才是最佳做法。从自然条件的角度来看，有些国家的气候、土壤都非常适合农作物的生长，适合发展农业；有些国家的地下蕴藏着丰富的矿藏，适合发展采矿业；有些国家拥有美丽的风景，适合发展旅游业……很多国家都有自己的品牌产业，如荷兰的花卉业，马尔代夫、泰国的旅游业，德国和日本的机器制造业，美国的高科技产业，等等。

从发达国家的发展历程中我们可以看到，对其中的大多数国家而言，农业一直都是推动经济社会发展的重要力量，尤其是在农业机械化大规模实施、农业生产力有了质的飞跃之后。过去一个人最多种 5 亩地，现在借助机械化，一个人能种 500 亩甚至更多的地，单位劳动力创造财富的数量呈指数级提升。

虽然很多发达国家的第三产业（服务业）产值在国民生产总值中

的占比已超过70%，但从社会财富生产的角度来讲，第三产业并不直接创造社会财富，而且极易受到经济大环境和自然环境变化的影响，因此第三产业在社会财富创造中所起的作用并不像其在国民生产总值中的占比所表现的那么重要。依据国情调整好本国一、二、三产业的比例关系才能为经济社会可持续发展提供保障。

二、转变经济发展方式是经济健康发展的必由之路

（一）转变经济发展方式的理论创新和重大意义

1. 意义。

中国经济由“转变经济增长方式”到“转变经济发展方式”的改变有三个意义：一是“转变经济发展方式”更好地体现了落实科学发展观的要求；二是“转变经济发展方式”更好地体现了发展社会主义市场经济的要求；三是“转变经济发展方式”更好地体现了抓住主要矛盾和突出问题的要求。

2. 科学内涵。

经济增长方式转变，从一般意义上讲就是促使传统的、旧的增长方式向现代的、新的增长方式转化，用现代的、新的增长方式替代传统的、旧的增长方式。传统的、旧的增长方式包括资本密集型增长方式、劳动密集型增长方式、出口带动型增长方式、外延粗放型增长方式等，而现代的、新的增长方式包括技术密集型增长方式、市场导向型增长方式、内需驱动型增长方式、消费驱动型增长方式、内涵集约型增长方式等。“经济增长”是偏重于数量的概念，常用GDP总量、GDP增长率和人均GDP三个指标来衡量。“经济发展”则是通过生产

进步提升劳动生产力，并通过合理的生产结构来提高产品的有效社会供给，使整个社会的财富形成有效积累，并切实提高人们的生活水平和质量。

（五）转变经济发展方式的目标和主要措施

1. 中长期目标。

现阶段，我国的经济发展方式由主要依靠投资、出口拉动向依靠消费、投资、出口协调拉动转变。

在 2008 年全球性金融危机爆发时，我国投入了 4 万亿元，主要用于基础建设投资，这笔投入的贡献在 2010 年得到体现。与此形成鲜明对比的是，我国的出口受国外购买力下降的影响而下降。如果国内消费水平低，对出口和投资的依赖大，那么很容易受到其他国家的攻击和制约。另外，随着我国越来越注重环保与可持续发展，“两高一资”（高污染、高能耗和资源型）产品的出口比重近些年来呈逐年降低的态势。

要融入国际经济体系并在其中处于有利地位，应主要依赖出口科技含量较高的第二产业的产品，即有一定科技含量的工业产品。事实上也确实需要这么做：第一，我国第一产业的生产效率不高，科技含量较低，生产成本偏高，导致第一产业对国民经济的贡献率难以进一步提升。第二，我国是个人口大国，发展第二产业能够提供更多的就业岗位和生活资料。第三，我国正在加速转移第一产业人口，第三产业又需要第二产业作为支撑。

因此，中长期目标是提升三级产业尤其是第二产业的生产力和创新力，使三级产业既成为科学技术发展的发动机，又成为社会就业的吸纳器，促进整个产业的发展由主要依靠物质资源消耗向主要依靠科技进步、劳动者素质提高、管理创新转变。

2. 主要措施。

要积极扶持高附加值产品、品牌产品特别是有自主知识产权的产品的出口，提高出口产品的质量和附加值，推动外向型产业由劳动密集型逐步向资本密集型和技术密集型升级，优化进出口结构。

要控制高耗能、高污染行业过快增长，加快淘汰落后生产能力，积极推进能源结构调整。目前我国的工业化正处于中期阶段，未来将会因受资源、环境的约束而进入瓶颈期。发展现代服务业是我国建设循环节约型社会的必然选择，是推进我国经济发展方式转变的核心力量，也是促进产业结构升级和提高国家竞争力的关键所在。

全面提高自主创新能力，加快建设创新型国家，是我国国家发展战略的核心，也是提高综合国力的关键。要坚持走中国特色自主创新道路，把增强自主创新能力贯彻到现代化建设的各个方面。这是调整产业结构和提升产业层级的关键，也是全面提升生产力水平及人们生活水平与质量的关键。

现阶段，要做好四方面的工作：一是从侧重考核物质指标转向注重考核人本指标；二是从侧重考核经济数量指标转向注重考核经济运行质量和效益指标；三是从侧重考核经济发展速度指标转向注重考核经济事业协调发展指标；四是从侧重考核近期利益指标转向注重考核可持续发展指标。

在制定考核指标的过程中要考虑几方面的问题：一是指标是否切合实际；二是指标的可操作性；三是考核如何真正落到实处。要采取以下具体做法：一是进一步规范市场配置资源，减少行政性配置资源；二是加快现代企业制度建设，打造出合格的、理性的市场主体；三是加大促进科技体制创新力度，大力推动科技体制市场化改革，完善科技投入的运作机制，改革政府科研资金的运作机制与模式，统筹不同所有制单位的科研投入；四是加强市场监管，维护市场秩序。

经济发展是有阶段性的，当经济发展到一定阶段后，其发展的形式、轨迹都会出现变化，而且变化会越来越快。从计划经济时代到市场经济时代，从实体经济时代到网络经济时代，许多新的经济业态我们还没有完全认识甚至还没有适应，更新的经济业态又诞生了。但毫无疑问的是，新经济业态的出现预示着社会的经济发展形式发生了改变，需要有新的经济发展方式。面对新生的事物，我们必须有充分的思想准备。一方面，我们应该看到新生事物的积极作用；另一方面，我们要对新生事物可能带来的负面影响有所警惕，尽可能避免或减少其负面影响。

经济发展的进程是一个从简单到复杂的过程。过去那种粗放式、低效率的，以牺牲资源和环境为代价的发展方式是不能长期继续下去的。就我国目前的情况来看，首先，第一产业应该调整产业结构，有条件的地区应该从种植传统粮食作物向种植多种经济作物转变，农业生产要从手工作业向机械化、集约化、科学化作业转变，总的指导方向就是要提高生产效率和经济效率；其次，第二产业要向科技要质量、要效率，要在“世界工厂”的基础上，把“中国制造”的牌子转变为“中国创造”的牌子，着力打造属于自己的核心技术，拥有属于自己的知识产权；最后，第三产业的发展不能仅盯着服务对象、范围的扩张，同时要以服务质量的提升为支撑。概而言之，深化供给侧结构性改革是我国经济发展在新时期的必由之路。

三、世界经济进入货币发行期的风险研判

在现实生活中，货币是财富的重要代表之一。货币经济发展与财

富积累之间有紧密的关系。在原始社会，人类储存物质以备不时之需，但也许他最需要的东西并未出现在自己的贮藏物中，但在货币经济时期，人们拥有了货币，可用货币便捷地购买到自己所需的东西。而且，货币越充当普遍性的媒介，每个人就越能专注于从事自己选择的工作，只需通过出售自己的收成或劳动来尽可能多地获取货币即可。

积累起来的未消费的产品被称为可动财富，家庭用品、房屋、库存商品、各种行业的工具以及牲畜等都属于这类财富。显然，在货币未得到广泛使用前，人们必须辛勤地工作以尽可能多地获得这类财富，而当货币被广泛使用后，人们意识到货币是所有财富中最不易发生变化、最易于保存的。因此，当他们想要积累财富时，首先追求的就是货币。

在原始社会，人们通过物与物的交换来获得自己的所需物，如用一只羊换取两把石斧等，想要通过量的变换来寻求两种商品达到某种平衡真的很困难。伴随生产力的发展，社会分工细分之后，人们的交换活动变得更加频繁，交换物的种类越来越多，于是从商品中分离出来的一般等价物出现了。人们用一般等价物来衡量不同商品的价值大小，货币则是一般等价物的发展形式。早期，人们用贝壳、皮革等充当货币，后来，一些金属如金、银、铜等由于具有存量少、易储存、易携带的优点，在相当长的时期内被用来充当货币。在长达数千年的时间里，金、银两种金属一直占据着世界货币的主体地位，直到近代，因为金属货币难以满足社会金融、贸易交易量增加的需求，其地位才被便携性高、制作成本低的纸币所取代。

当货币是以贵金属的形式存在时，受储量和开采难度的限制，无论怎么积累货币，都难以对经济造成灾难性的影响，而当货币是以纸币形式存在时，情况就不同了——大量印发纸币势必会造成货币贬值，导致通货膨胀，引发经济危机。当经济形式不佳时，国家往往需要通过货币政策来进行宏观调控。当出现经济过热或通货膨胀时，中央银行一般会通过施行一系列措施来减少货币供给，以抑制过热的消费和投资市场，这被称为紧缩性货币政策。在经济萧条时期，中央银行通常会降低利率，增加货币的供给量，以扩大内需，刺激投资和消费，这被称为扩张性货币政策。国家通过制定和实施货币政策来调节经济，确保经济运行形势良好，为社会财富的创造和积累提供保障。

在货币经济时期，可以说人们对货币（金钱）的追求实际上就是对财富的追求，但是这种说法有点曲解了财富的含义。从整体主义的立场上看，货币并不等价于财富，货币的实质是“财富的索取权”。“以钱生钱”并非意味着财富增值，只是已有财富索取权的自我扩张，这与土地兼并类似。两者的差异在于土地兼并往往是经济手段与权权力手段并用，而“以钱生钱”理论上是比较单纯的经济手段，但两者的社会作用均是将现有的财富索取权向少数人集中，而非创造新的财富。

货币经济是商品经济最高级的阶段，社会进入货币经济时期后，一切生产都是为了交换，而不是为了消费。货币不仅服务于商品交换领域，而且越来越多地服务于非商品交换领域，如期货和证券流通市场。从某种意义上讲，货币的职能意义已经盖过了它的物质存在意义，它只是一个记账单位，与真实的财富没有太大的关系。

站在国家的层面看，货币关系到国家经济发展和社会稳定；站在世界的层面看，在经济全球化的今天，谁在政治、经济、军事等上掌握主动权，谁就掌握了世界货币真实价格的调整权。当某一国的货币政策可以直接影响其他国家乃至世界货币的流通并产生深远影响时，这个国家的就可以凭借货币政策掠取他国的财富。美国实施量化宽松货币政策的本质就是利用其世界最大经济体和军事强国的优势，从别国身上获得更大利益。美国所谓的量化宽松货币政策，其实就是通过多次、大量发行货币，让别国“储存”在美国的钱不断贬值。这是一种典型的缺乏责任和诚信的强取豪夺，是一种看不见的资本占有。

从最近50年世界经济发展的历史来看，当美国运用货币政策来转嫁经济危机或金融危机带来的风险时，世界其他国家尽管也有意见，但因不具备与美国抗衡的军事、政治、经济等方面的实力，只能听之任之。而当其他国家也想实施量化宽松货币政策时，只要涉及美国的利益，美国就会利用各种手段施压，甚至直接干预。美国实施量化宽松货币政策的短期行为给全球经济带来了负面影响，然而美国并不打算从根本上消除产生危机的根源，而是屡次利用美元作为世界货币的优势去侵占他国的利益，以减轻本国的经济损失。

目前世界上最大的债务国是美国，而美元又是世界上流通量最大、流通范围最广的货币。每次发生金融危机、产生经济衰退时，美国便会采取量化宽松货币政策疯狂印刷美钞，通过这一手段掠夺其他国家的财产，此举也令许多国家对美国的信誉产生了怀疑。

2008年爆发的全球性金融危机令世界经济遭遇了强烈冲击，这次危机的后遗症是非常严重的，它的余波尚未消停，世界经济仍然处于步履蹒跚的恢复期。

在当下的“后金融危机时期”，各国在经济复苏的过程中出于各种主客观原因，都通过发行货币来刺激经济，但如果过度发行货币，那离出现通货膨胀就不远了。如果一个国家解决经济危机的手段只有发行货币，那么不仅对自身走出危机并无太多益处，还会损害贸易国的利益。

在经济全球化的今天，国家之间都是互相依存、利益互补的，一定要有合理的游戏规则。

四、经济转型发展促进就业和社会财富增加

就业是劳动者和生产资料的结合，是劳动者从事一定的社会生产活动，并取得一定的劳动报酬或经营性收入的经济活动。就业问题关乎民生，在国际环境持续低迷、出口量难以提高的背景之下，扩大内需、促进就业成为推动我国经济发展的重要落脚点。

只有经济发展了、产业发展了、企业做大做强了，才能拓展就业空间，提供更多的、更优质的就业岗位。

如果就业岗位不能满足劳动者求职的需要，那么就会出现“就业难”的现象，尽管这时人们会降低工资期望去争夺岗位，但这显然不是高质量就业。就业质量不高的话，那么即使绝大多数人实现了就业，也会出现劳动价格与劳动价值明显背离的现象，也就是说劳动者的收入不足以保障其本人和家人的生活，没有剩余财富的积累。

国家必须把经济的发展水平和结构平衡提到一个很高的高度，才能使劳动力资源得到很好的利用，使人们能够充分就业，并能通过就业积累起财富，提升生存和生活质量。

第四章　社会财富与就业创业相互影响研究

第一节　就业、失业与经济发展的作用和反作用

一、就业与失业问题探究

（一）就业与失业的界定

“就业”作为国家经济的关键指标，其定义应具有明确性和统一性。在国家顶层设计层面，需要制定出一个普遍认可的定义，以确保基层在实施过程中具有实际可操作性，否则，概念的不确定性会导致基层工作人员在执行过程中茫然无措，降低工作效率。

在对国外关于“就业”的定义进行深入学习和研究的过程中，我们发现各国对于“就业”的定义及其标准与我国存在显著差异。这种差异也许是导致国外研究者与媒体对我国就业形式误判的根本原因，如果不加以正确的理解，容易对国内决策层的判断产生影响。为了推动我国就业工作的进一步完善，我们重点列举了美国、英国和日本在就业定义方面的内涵，旨在为我国就业政策的制定和实施提供一些参考。

1. 美国。

要了解美国对就业相关概念的界定，首先需要了解几个特定元素

的内涵。在不违背国际劳工组织规定的国际标准的基础上，该国将与就业相关的元素定义如下：

（1）劳动适龄人口：指 16 岁及以上年龄的劳动人口，其中不包括监狱服刑人员、精神方面有问题的人员、养老机构中的老年人和军队中的服役者。

（2）经济活动人口：指就业人口与失业人口之和。

（3）非经济活动人口：指在劳动年龄内，有劳动能力，未参加且不要求参加社会经济活动的人口。

（4）就业人口：指在调查报告周内，作为付薪雇员从事某项工作的人员。这其中包括几类人：第一类是在本人的企业、农场中工作，或从事自由职业的人；第二类是在家庭作坊或农场中从事至少 15 个小时，但无报酬的人；第三类是由于疾病、气候恶劣、休假、劳资纠纷或个人原因临时离开工作岗位的人员。

（5）失业人口：指在调查报告周内，可以从事工作但暂无工作，并在调查报告周结束前的 4 周内努力寻找工作的人员；以及下岗后等待企业通知重新上岗而不需要寻找工作的人员。

在此基础上，其常用来计算就业好坏的指标，即劳动参与率、就业率和失业率的具体计算方式如下：

劳动参与率 = 经济活动人口 /16 岁及以上劳动年龄人口 ×100%

就业率 = 就业人口 /16 岁及以上劳动年龄人口 ×100%

失业率 = 失业人口 / 经济活动人口 ×100%

2. 日本。

在不违背国际劳工组织规定的国际标准的基础上，该国将与就业相关的元素定义如下：

（1）劳动力（Labour force）：指 15 岁及以上人口，包含就业人员和未就业人员，而就业人员中又包含在职雇员、非在职雇员等。

（2）非劳动力（Not in labour force）：是指 15 岁以下人口，以及超过 15 岁但不属于受雇人士或失业人士的人士。

为了方便理解，这里用一个表格给大家进行展示，详见表 4-1。

表 4-1 日本的劳动力人口指标结构关系表

<table>
<tr><td rowspan="8">15岁及该年龄以上的人口</td><td rowspan="5">①劳动力（Labour force）</td><td rowspan="4">A. 就业人员（Employed person）</td><td rowspan="3">a. 在职的雇员（Employed person at work）</td><td>主要从事工作（Engaged mainly in work）</td></tr>
<tr><td>在校期间从事工作（Engaged in work while attending school）</td></tr>
<tr><td>操持家务的同时从事工作（Engaged in work while housekeeping）</td></tr>
<tr><td colspan="2">b. 非在职雇员（Employed person not at work）</td></tr>
<tr><td colspan="3">B. 未就业人员（Unemployed person）</td></tr>
<tr><td rowspan="3">②非劳动力（Not in labour force）</td><td colspan="3">A. 在上学的（Attending school）</td></tr>
<tr><td colspan="3">B. 看家的（Housekeeping）</td></tr>
<tr><td colspan="3">C. 其他（年长者等）</td></tr>
</table>

资料来源：日本统计局（Statistics Bureau of Japan）。

在上述关系中，各组成元素的定义具体阐述如下：

就业人员（Employed person）：在工作的就业人员和不在工作的就业人员。

在职的雇员（Employed person at work）：所有在参考周内为有报酬或利润而工作，或作为无薪家庭佣工工作至少一小时的人。

非在职雇员（Employed person not at work）：指在参考周内有工作但不在工作的人士。例如在参考周期内没有工作，但领取或预期领取工资、薪金（包括假期津贴）的雇员；在参考周期内没有工作且缺工不超过30天的个体经营者。

未就业人员（Unemployed person）：指在参考周期内没有工作，或压根就没有职业的人，包括随时愿意工作的人，以及在参考周期内正在积极寻找工作准备创业的人（包括已进行求职活动并等待结果的人）。

这里值得注意的有两点：第一，这里的年龄计算是指截止到参考周期的最后一天。第二，与美国的定义不同，日本将在参考周内没有工作的家庭从业者（Family workers）定义为未就业人员或非劳动力。在明确了定义的前提下，它的劳动参与率、就业率和未就业率的计算公式为：

劳动力参与率 = 劳动力 /15 岁及该年龄以上的人口 ×100%

就业率 = 就业人员 /15 岁及该年龄以上的人口 ×100%

未就业率 = 未就业人员 / 劳动力 ×100%

当然，日本政府现有的就业体系已经相当成熟，如果进一步挖掘，还可对潜在就业率（Potential labour force）、与时间有关的未充分就业人士（Persons in time-related underemployment）等深层元素进行研究。但在本次研究中，作为参考信息，了解上述基本概念已足够。

3. 英国。

与美国和日本相比，英国人力资源市场中采用的有关就业、失业、非经济活动人口等概念最符合国际劳工组织的标准。

经济活动人口包括就业与未就业人员。其中就业人员指在调查报告期内至少工作一个小时的16岁及以上人员，或临时休假人员；而未就业人员是指没有工作，但在参考周期内积极寻找工作，并且能够在参考周期后两周开始工作的16岁及以上人员。非经济活动人口指不寻找工作的16岁及以上人员，主要包括照看家庭的人、长期生病或残疾的人，以及退休人员。

通过对上述三个国家就业及其相关概念的差异性分析，我们可以发现国内外在就业衡量标准方面存在显著差异。简单地将他国的认知和标准直接应用于我国国情进行分析，显然是不够理智的。因此，我们需要根据国内实际情况，制定符合中国特色的就业政策，以确保政策制定与发展规律相适应。

（二）就业、失业与经济的关系

就业、失业与经济紧密相关。在自给自足的自然经济时期，谁不劳动就没有收获，就没有生活物资保障，这是他个人的事，与他人无关。但是在工业化、城镇化的时代，就业、失业已经与社会稳定、经济发展以及社会中的所有人都紧密相关。

过去我们总是根据某区域内GDP增长一个点可增加（或带来）多少个就业岗位（机会）来测算该地区的新增就业人数，或者以实现新增就业多少人来反推经济形势的变化。能够这么做的前提是劳动人群处于相对稳定的状态，这与我国传统的户籍政策相关，也与过去经济不够发达、交通不够便利、人们的思想比较保守相关。但是，随着社会的发展、科技的进步，过去的方法不再适用。以科技进步为例，生产过程中的科技含量越高，单位GDP对就业的推动力就越小。过去一家汽车制造厂的一个车间里就会有多达几百上千名员工，现在可能只有几个、几十个员工，因为大量的工作岗位已被自动化、智能化机器所替代。很多人从事自由职业就能挣到比固定工作更多的钱，他们可能与任何单位都不存在劳动关系，但他们是实实在在的就业人口。

凯恩斯说：“政治经济学是研究财富的性质和本源的，而我则认为它是研究决定社会各阶层共同合作生产出来的产品分配到各个阶层的法则。关于数量，实在没有什么法则可言，但关于分配的比例，完全可以找出一个相当准确的法则。我越来越觉得，探讨前者是徒劳无益的，研究后者才是这门科学的真正的课题。负效用是指某些个人或者团体宁愿不工作，也不愿意接受比某一最低效用更低的工资。”[①] 现实生活中，确实有一些人宁愿吃低保也不愿就业。

在我国现行货币工资水平下，尽管目前劳动力的供给量仍大于劳动力的需求量，但是依然会出现“自愿性失业”的现象。如果劳动者都愿意接受较低的货币工资，那么就业量就有可能扩大。

与就业相对应的是失业。就失业的形态而言，主要有“摩擦性失业”和“自愿性失业”两种。所谓“自愿性失业”，是指由于立法、社会风俗、集体议价、反应迟钝或者人性等诸多因素的影响，劳动者拒绝或者不能接受相当于其边际生产力产出价值的工资而导致的失业。简单点说，就是雇主开出的工资低于劳动者的期望值。

失业现象是一种很正常的社会现象。从理论上讲，任何人都可能失业，任何社会都不可能完全消除失业现象——不管经济再怎么发达，就业岗位再怎么充裕，失业现象都会存在。

失业率和失业人数一定要控制在一个合理的区间，保持在一个可控的范围之内。对此，有些专家提出“失业率绝对值”的概念，但这有点过于机械化了。实际上，影响失业率的因素有很多：第一，失业率和一个国家或地区的人们对社会、对组织的认同程度有直接关系。第二，失业率与一个国家或地区的经济社会发展水平、社会财富的积

① 约翰·梅纳德·凯恩斯：《就业、利息和货币通论》，宋韵声译，华夏出版社，2005，第4—5页。

累水平有密切关系。这涉及社会承受力的问题——社会承受力强，则失业率上升不容易对社会稳定产生明显影响；社会承受力差，则失业率上升很容易引发社会动荡。第三,一个国家或地区就像一艘船，相对而言，吨位越大（国力越强大），自我调节能力就越强，抗风浪的能力就越强。第四，社会制度与社会财富的分配在很大程度上对就业和失业产生影响。当社会出现贫富两极分化时，少数人控制着绝大多数的社会资本，他们的投资决策左右着经济，决定了企业和行业的发展。然而他们决策时首先考虑的是能不能赚钱，而不是会不会影响就业和民生。不否认许多现代巨富在赚到钱后会将之用于反哺社会，如建立慈善基金、从事慈善事业等，但也不能否认许多富人赚钱的目的只是为了满足自己对奢侈生活的追求，他们在占有大量社会财富后依然会为富不仁。一旦富人们为富不仁成为社会风气的主流，那么失业率的上升就很容易成为社会不稳定的导火索。鉴于此，一些专家学者提出了社会财富拥有者群体在结构上应呈橄榄球形的理论。他们认为，中产阶级占大多数，富人和穷人占少数的社会才足够稳定，才能最大限度规避发生动荡的风险。

随着我国的改革不断深化，在政策层面上，城乡二元结构从政策层面来说已经被打破，但公共资源配置还跟不上。我国第一产业的调整，特别是农村产业结构的调整，还需要经历一个较长的过程，农民从事农业生产所得收入的提升还需要时间。随着农业生产朝着现代化、规模化、集约化不断前进，第一产业的生产力也在不断提高，产业发展形势向好，这在一定程度减轻了第二产业、第三产业承受的就业压力。换言之，农村的就业空间得到了拓展，城市的就业压力自然就减轻了。而城市的就业压力减轻会缓解许多的社会问题，例如使现代城市的“城市病”得到较好的控制，社会变得更加稳定、平衡。

（三）失业问题

当社会上的失业人员增多到一定程度时，很容易发生经济危机，引发社会动荡。

对于失业人群，各国政府都会有相应的救济政策。失业救济是缓解社会矛盾、调节社会财富分配、追求社会公平的一种途径。然而，要想切实解决失业问题，还是应该在出实招、求实效上多下些功夫，核心是在发展经济上发力，拓展就业空间，创造就业岗位和机会，促进充分就业。政府要做好宣传教育，让全体劳动者树立起“劳动光荣”的理念，认清自己的能力，千万不要眼高手低。政府要明白，就业是市场行为，招工是企业行为，求职是个人行为。在促进和引导就业的过程中，重点是搭平台、发信息、出政策、扶弱势、强服务，不可大包大揽、越俎代庖。

过去，我国的失业人员很少主动向政府职能部门报告失业状况，这与该群体文化程度低、思想觉悟不高有关，但最重要的原因是没有利益驱动。他们可能不了解或不知道失业救济政策，或者认为领取失业金的手续太过烦琐或失业金标准太低，最终不去登记。此外，原先的城乡二元结构客观上也影响了失业登记工作的推进，因为失业率的登记并不包括农村地区，而且农民工在领取失业保险待遇的操作层面也还存在不少的问题。

现在，城乡二元结构正逐渐被淡化，国家人社部门正努力推行劳动力资源统计工作，希望能在全国范围内施行就业和失业登记办法，但结果依然是不如人意。为什么？主要原因有以下四个：一是劳动者认为这项工作只对政府和人社部门有用，对自己没有太大的意义。在没有利益驱使的情况下，他们是不会主动去登记的。二是许多农村劳动力在转移就业过程中存在短视行为。举个例子，如果你告诉一个农民工，参加失业保险的话，失业后可以在一定时期内每月领取300元救济金，不参加失业保险的话，每个月可以给他发50元现金，他大概率会选择每月拿50元的现金而不参保，这种情况下，人社部门也无法从社会保险参保信息中提取他的就业和失业信息。三是许多用人单位和老板为了规避一些用工责任，不愿意为员工特别是农民工和临时工做就业登记、失业登记及缴纳社会保险。这也是当前中小企业中普遍存在的一个现象。四是灵活就业人员不愿意主动掏钱参加社保，人社部门自然也就无法掌握他们的就业和失业状态。

此外，调查失业率的工作本身就是一项抽样调查工作，其准确性受样本数量、调查员对各项指标的理解能力、受调查人的文化程度和心理素质等的影响，因此调查结果往往并非十分准确。如果顶层设计上存在某些偏差，结果很容易与实际情况差之千里。

政府之所以想了解和掌握劳动者的就业和失业情况，其中一个很重要的原因是维护社会稳定。对于任何一个国家而言，就业形势严峻、劳动人口尤其是青年劳动力就业不够充分、失业率居高不下，都可能使社会陷入动荡，这是无法回避的现实。

二、人力资源红利为经济发展提供重要支撑

人力资源红利指人力资源收益减去人力资源投资的剩余，它与人口红利不是同一个概念。从某种角度上可以说经济增长得益于人力资源红利而非人口红利，人口红利更多的是体现在消费方面。

人力资源红利的增长与教育投入的持续增长相一致，而人口红利会随着社会发展、科技进步、人口老龄化而转变为人口负债。教育及

其外溢性作用在经济社会的发展中具有基础性、先导性的地位。在当今时代，人力资本的迅速积累已成为经济快速增长、社会加速转型的重要推动因素。

就目前来看，我国的人力资源红利集中体现在三个方面：

一是就业人口占总人口的比例基本稳定。表 4–2 显示了我国最近三次全国人口普查获得的就业人口占总人口比例数据。从表中可看出，虽然近年来我国就业人口占总人口的比例在下降，但总体稳定。推测这一数据下滑是人口老龄化所致。

表 4–2　第五次至第七次全国人口普查就业人口占总人口比例数据变化表

项目	就业人口 / 万人	总人口 / 万人	就业人口占总人口比例 /%
第五次全国人口普查	71150	124261	57.26
第六次全国人口普查	71550	133972	53.41
第七次全国人口普查	75064	141178	53.17

（注：就业人口数据来源于网络，总人口数据来源于全国人口普查公报。）

二是劳动年龄人口平均受教育年限不断提高。表 4–3 显示了 2014—2022 年我国劳动年龄人口平均受教育年限的变化。从表中可见，我国劳动年龄人口的平均受教育程度正逐年提高，由此可以推断人力资源红利依然强劲。

表 4-3　2014—2022 年我国劳动年龄人口平均受教育年限变化表

年份	2014	2015	2016	2017	2018	2019	2020	2021	2022
平均受教育年限 / 年	9.01	9.04	9.08	9.11	9.27	10.6	10.7	10.8	10.9

（注：前 6 年的数据来源于相关材料，后 3 年的数据来源于教育部网站。）

三是就业结构红利在增加。表 4-4 显示了 2016—2021 年我国非农就业人口占总就业人口比例的变化。从表中数据可以看出，我国的非农就业人口占总就业人口的比例不断上升，说明全社会的劳动生产力水平得到了有效提升。事实上，我国从事农业、科技农业、现代农业、旅游农业的劳动力人数正在不断增加。

表 4-4　2016—2021 年我国非农就业人口占总就业人口比例数据变化表

年份	就业人口 / 万人	非农就业人口 / 万人	非农就业人口占总就业人口比例 /%
2016	76245	42051	55.15
2017	76058	43208	56.81
2018	75782	44292	58.45
2019	75447	45249	59.97
2020	75064	46271	61.64
2021	74652	46773	62.65

（注：数据来源于《中国统计年鉴 2022》。）

由上述资料可以看到，要想实现人力资源红利持续释放，有以下两条途径：一是维持劳动人口占总人口的比例稳定，最好是逐年略有增加。不过，在新增人口逐年下降的大背景下，单纯就数量而言，这条途径恐难以实现。二是持续提高人口质量。在人口增长减缓甚至负增长的情况下，不断提高人口质量同样可以实现人力资源红利的持续释放。从我国当前的科技人力资源的情况可以推导出，目前我国的人力资源红利仍将持续释放。《中国科技人力资源发展研究报告（2020）》的研究结果指出，我国的科技人力资源呈现出三大显著特征：一是年龄结构持续保持年轻化。二是女性科技人力资源的增长速度快于男性科技人力资源的增长速度，性别结构更趋合理，基本达到了均衡。三是科技人力资源的规模相当大。截至 2020 年，我国的科技人力资源规模已达 11234.1 万人。这三大特征说明我国有大规模的科技人力资源储备和供给能力，且趋于年轻化。充足的科技人力资源为我国科技创新带来了活力，促进我国经济的发展和社会财富的积累，为实现共同富裕目标提供了人才支撑。

站在理性的角度，我们既要看到目前我国科技人力资源在总量上的优势，同时也要认清其存在的三块短板：一是科技领域的领军型顶尖科学家还很缺乏；二是自主培养高水平科技人才的能力还不强，这将在很大程度上制约我国的科技进步和发展；三是科技人力资源的总体结构还有待调整和优化。补齐短板是一项长期而艰巨的任务，既需要制度的创新，也需要机制的探索，还需要常抓不懈、持之以恒的毅力和决心。

三、创业创新是令经济活动变活跃的因素

创业创新无疑会对社会财富的创造和积累起积极的作用，特别是在某种社会生产活动由于技术成熟而变得相对固定，形成一定格式的生产过程和运行方式时。在这种情况下，该社会生产活动对于社会创造财富的贡献被限制在一定区间范围内上下波动，只有当创新性的技

术出现、社会生产力发生突破性的变革时，波动的区间才会被突破。

在第一次工业革命之前，纺织业使用的机器是靠传统的水车或牛车来驱动，使得行业很难取得革命性的发展和突破。当瓦特发明了蒸汽机并掀起第一次工业革命的浪潮后，纺织业的生产效率才有了飞跃式的提高。在近代，电子信息技术、移动互联网技术以及人工智能技术的出现和发展也屡次对社会生产产生了颠覆性影响。

从与社会财富创造的关联度出发，劳动者群体可分为三个层次。第一个层次的群体是社会财富的直接创造者，主要由生产劳动人员、科学研究人员以及广大的创业者构成。他们的劳动和付出直接产出社会产品，这些产品满足了人们的日常生活需求和精神需求。第二个层次的群体是为社会财富的创造提供直接服务的劳动者，如商品流通环节的从业人员。虽然他们没有直接参与或从事社会产品的生产，也就是说没有直接创造社会财富，但他们为社会财富的合理流动作出了贡献。第三个层次的群体是除第一、第二层次群体之外的劳动者。他们根据社会分工的需要，参与社会服务。第一个层次的群体直接地创造丰富多样的社会财富，他们的工作与改善人类生存条件和生活环境紧密相关，调动他们的工作热情和生产积极性十分重要。

现代科技出现之后，人类社会的生产力水平的提高并不是平缓上升的，而是跳跃式发展的。2021 年全球科研经费投入排名前五位的国家是美国、中国、日本、德国和韩国。其中美国投入了 6075 亿美元，中国投入了 4680 亿美元，日本投入了 1264 亿美元，德国投入了 1189 亿美元，韩国投入了 697 亿美元。要为发展社会经济提供新动力，仅靠科技创新投入是不够的，还需要拥有一支能够利用其生产知识的劳动力队伍，即创业者队伍。从全球各国科研经费投入对本国经济发展的贡献率来看，有着“创业国度”美誉的以色列通过占 GDP 总量 4.2%

的科研经费投入助推相关产业贡献了超过 90% 的 GDP。这展现了创业创新对社会财富创造的巨大作用。诚然，以色列的情况可能是一个特例，但我们还是可以从中得到启示。

未来，各国创新创业对本国经济发展的贡献会越来越大，缺乏创新创业活力的国家最终将被时代抛弃。

四、高质量就业与经济高质量发展相辅相成

中国在新时期对就业工作提出了新的要求和更高的目标，从追求社会就业更加充分、劳动更加体面到追求更高质量的就业，这是历史发展的必然趋势。中国的就业形式与中国的经济社会发展水平相适应并且相互作用，因此，政府强调高度重视就业，把就业放在更加突出的位置。

（一）我国不同历史时期的劳动力就业状况

新中国成立初期，我国经济是以农业生产为主的低生产力经济，第二、第三产业非常落后。人口就业形式以农业为主，加之长期战争导致国家人口减少，国内的就业压力不大。

随着人口的急剧增长，城市开始出现就业困难。当时政府决定以行政手段解决这个问题，于是在全国范围内掀起了知识青年“上山下乡”的高潮，希望借此缓解城市的就业压力。当时国家生产力水平较低，农业这一传统产业能够吸纳较多的城市富余劳动力。这是我国在工业经济比较落后、第三产业因受制约而产值几乎为零、城市就业空间极其有限而城市人口的增长又不受限制的经济社会发展背景下出现的城市向农村转移就业的现象。

“文革”结束后，大量知识青年返城，如何解决好返乡知青和城市新增青年的就业问题成了当时中央和地方各级政府面临的重要课题。这是我国历史上第一次出现就业对经济社会发展形成反冲力的情形。大量的劳动服务公司、国营企业家属厂、五七商店等在这个时期出现，政府也在这时期放宽了对小型加工企业和商品流通领域的限制。集体性质的企业得到了长足发展，并与国有企业共同在改革开放初期推动了我国工业快速发展，带动第三产业起步。

中国的改革开放首先从农业生产承包制开始，安徽小岗村的尝试迈出了中国农村改革的第一步。随着家庭联产承包制的推行，长期被压抑的农村劳动生产力得到了释放，产生了农村富余劳动力。在20世纪80年代中后期，一部分农村富余劳动力进入了当时兴起的乡镇企业就业，但仍有相当一部分无法向外转移就业。

由于中国社会具有城乡二元结构，因此改革开放之后，城乡差距越来越大。恰逢处于改革开放前沿的广东地区迫切需要大量的操作工，于是转移就业的潮水终于在1992年漫过了当时由一系列制约政策构成的“大坝”，形成了中国历史上第一次大规模的民工潮。邓小平南方谈话之后，农村富余劳动力转移就业的政策限制也逐步撤销，劳动力资源的流动逐步进入常态化。

改革开放初期的就业期望基本停留在生存层面，首要目标是吃饱穿暖，因此只要能找到一份稳定的工作就非常满足了。在这种背景下，当时的城市就业量虽然并不十分理想，但就业压力还不明显。

随着改革开放不断深化，市场竞争机制被引入中国。20世纪90年代中后期，相当一部分国有企业由于管理理念陈旧、市场意识缺乏，加上各种制度的限制，在市场竞争中逐步走上了下坡路。国有企业的改革导致大量的职工下岗，因此，中央和地方政府都自1998年起将

“两个确保”作为政府的主要工作目标提上议事日程。当时全国性的下岗职工再就业工作由政府主导，通过政策扶持，引导、帮助下岗失业人员实现再就业，支持下岗失业人员自主创业、自谋职业，用公益性岗位托底解决就业困难人员的就业，同时确保国企改制、破产、重组工作顺利进行。在这个历史进程中，国家不仅卸下了长期背负困难企业亏损的包袱，同时也转变了人们的思想观念，促进了社会主义市场经济的建立和完善，确立了“劳动者自主就业、市场调节就业、政府促进就业”齐头并进的就业方针。自2002年后，在积极的就业政策的支持下，在不断完善的公共就业服务体系的推动下，在不断发展的劳动力市场和人才市场的促进下，我国的就业形势趋于平稳。

中国农村富余劳动力的转移就业情况随着经济社会的发展而变化，在不同的时期，他们的就业动机、就业目的和就业期望都不同。

（二）新的就业工作目标：对更高质量的就业追求

要做好新时期的就业工作，准确把握“更高质量的就业”的内涵是关键，只有理解了其内涵，才能找准方向，确立工作目标。“更高质量的就业”就是要使社会就业更加充分，就业的稳定性进一步提高，劳动者可以体面劳动，劳动者的职业技能水平得到提升、劳动权益和劳动福利得到保障，实现绿色就业。

第一，要实现更高质量的就业，首先要有就业的“量”。量变是质变的前提，所以促进社会就业更加充分是实现更高质量就业的前提。从有关部门公布的数据来看，我国当前的就业形势依然严峻，就业压力仍在加大，结构性矛盾非常突出，“就业难”和“招工难”的现象估计在将来较长的一段时间内还不能得到有效缓解。因此，继续实施积极的就业政策，促进社会就业更加充分是提升就业质量的基础。另外，政府在注重提升就业质量的同时，必须采取有效措施多渠道拓展就业空间，帮助有就业能力和就业愿望的人实现就业，有效控制失业率。

第二，要实现更高质量的就业，还要有就业的“质”。稳定就业是就业质量高的一个重要判断标准。首先，稳定就业可以增加就业者对岗位的熟悉程度，提升其现有技能的运用率，有利于就业者提升技能水平，从而提高生产率。其次，稳定就业可以减少劳动者流动求职耗费的时间，增加有效劳动时间，进而增加劳动收入。另外，稳定就业可以降低用人单位的专业技能培训成本，即用人成本，提高商品或服务的产出效率。更重要的是，稳定就业有利于维护社会稳定，减少摩擦性失业造成的社会资源浪费。

对于很多农村转移就业的农民工来说，变动就业岗位是家常便饭。不断变换工作也许能获得更好的就业机会，但这是要付出成本的，如流动和等候的时间成本。而用人单位在员工流动过于频繁时，不仅要付出新员工的培训成本，单位的生产效率也会因新员工对业务熟悉程度低而变得低下。

第三，要实现更高质量的就业，必须要让劳动者得到心理上的满足，感受到劳动的愉悦，要从法律层面、制度层面对劳动者的权益予以保障。

（三）体面劳动

“体面劳动”的含义是通过促进就业、加强社会保障、维护劳动者基本权益以及开展政府、企业组织和工会三方的协商对话来保证广大劳动者在自由、公正、安全和有尊严的条件下工作。

1999 年 6 月，国际劳工组织新任局长索马维亚在第 87 届国际劳工大会上首次提出了“体面劳动”的概念。他指出，应该让劳动者得到“体面劳动”，即劳动者的权利得到保障，拥有足够的收入，享有社会保护和足够的工作岗位。为了实现“体面劳动”这一战略目标，必须从整体上平衡而统一地推进“促进工作中的权利”“就业”“社会保护”“社会对话”等四项工作。

社会学家、民俗学家艾君在著文探讨“体面劳动的社会意义”时认为，从社会意义角度看，“体面”实际上是人在社会或者组织中展示自己的行为和容颜从而获得愉悦的一种自我满足心态，也是人受到社会赞誉的反映。他从社会意义的角度对“劳动”进行了界定，认为劳动是指人类在自身智能的支配下，通过各种手段和方式创造社会财富，以满足人类日益增长的物质、精神等方面需求的活动。艾君说，“体面劳动”就是既有美丽的“体”，又有荣耀的“面”的劳动。简单来说，从社会意义上讲，体面劳动指劳动者能够自愿、自豪地为满足日益增长的政治、物质、文化等需求而有尊严地从事创造社会财富的活动。体面劳动的概念集中体现了人的价值观、劳动观和社会需求。

对于“体面劳动”的社会意义，艾君阐述说，从社会观点和文化角度看，“体面劳动”的含义反映了一种广义的社会劳动关系。这种劳动关系并非一种纯粹的经济利益关系，它还涉及社会政治、价值、法律、道德、习俗、礼仪等。他认为，要实现体面劳动，不仅要在保护劳动者权益、体现劳动者的价值、创造劳动者工作环境等方面下功夫，还要在打造德才兼备的劳动者队伍、提高劳动者素质上努力。没有和谐的社会基础，体面劳动是不可能体现出其社会价值的；没有和谐的劳动关系，企业或组织中就难以实现体面劳动；素质不高的劳动者不可能体会到劳动的愉悦和幸福。

2008年，在中国举办的“经济全球化与工会国际论坛”开幕式上，胡锦涛同志在为大会致辞时指出，让广大劳动者实现体面劳动，是以人为本的要求，是时代精神的体现，也是尊重和保障人权的重要内容。2010 年 4 月 27 日，胡锦涛同志在全国劳动模范和全国先进工作者表彰大会致辞中再次就体面劳动进行了阐述。他指出，要进一步保障劳动者权益，为促进社会和谐奠定坚实基础；把实现好、维护好、发展好最广大人民的根本利益作为我们一切工作的出发点和落脚点；要健全以职工代表大会为基本形式的企事业单位民主管理制度、厂务公开制度，组织职工依法实行民主选举、民主决策、民主管理、民主监督，使广大劳动群众的知情权、参与权、表达权、监督权得到更充分更有效的保障；要切实发展和谐劳动关系，建立健全劳动关系协调机制，完善劳动保护机制，让广大劳动群众实现体面劳动。艾君在《“体面劳动”凸现一种劳动文化》一文中认为，胡锦涛同志的讲话是党和国家坚持以人为本、科学发展、关注民生、重视人权的具体体现。艾君还指出，新中国成立以后，中国人民从此当家作主，党和政府以及工会组织一直在社会上倡导“劳动光荣、劳动伟大、劳动高尚”的劳动价值观。改革开放后，广大工会组织一直在探索建立有中国特色的社会主义工会维权观。这些行动的内涵与国际劳工组织所倡导的“体面劳动”的内涵实际上是一致的。

这些年来，中国政府以及工会组织在保障劳动者权益、促进社会和谐方面做了许多工作。通过建立和完善围绕发展和谐劳动关系、建立健全劳动关系协调机制、完善劳动保护机制而推出的社会保障体系、三级服务体系等体系，保障工人阶级和广大劳动群众的经济、政治、文化、社会权益。近几年，党和政府高度重视维护劳动者权益，已经将体面劳动上升到了一定的高度来推进。

要推进和实现体面劳动，就必须充分发挥政府和社会各方的作用。要努力推动科学发展，创造更多生产性和体面的工作岗位，为劳动者提供更多的职业教育和培训机会，大力提高劳动者的技能和素质，为劳动者获得体面的劳动创造条件。同时，要通过立法和制定政策，建立健全民主管理制度，依法保障劳动者享有广泛的民主权利，保障劳动者的主人翁地位。另外，要围绕劳动者最关心、最直接的现实利益问题，努力改善他们在劳动就业、社会保障、劳动安全等方面的条件。此外，还要保障劳动者特别是农民工的合法权益，坚持性别平等，维护女工特殊权益，推动发展和谐劳动关系。

正所谓“知之者不如好之者，好之者不如乐之者”。劳动者做事情的质量与其精神状态息息相关。对绝大多数劳动者来说，只有让劳动者感觉到自己从事的是体面的职业，才会让他们真正热爱这份职业。热爱之情能提高劳动者的劳动水平，使他们在同样时间内创造出更多的价值。如果一家企业中的多数劳动者都感觉自己的工作不体面，那么该企业的创新和发展将会受到很大影响。让更多的劳动者获得“体面”的感觉，不仅可以提高一件产品、一项工程的质量，还可以促进一个国家的发展。

（四）就业工作必须要与时俱进

“推动实现更高质量的就业”是中国政府在新的历史时期对就业工作提出的新要求、新目标。曾任人社部副部长的信长星认为，“十八大报告提出的更高质量的就业是从宏观层面讲的，主要指充分的就业机会、公平的就业环境、良好的就业能力、合理的就业结构、和谐的劳动关系，等等”。

要实现这个新目标，需要做好以下五方面的工作：

一是要促进社会就业更加充分。评价一个社会就业质量的高低，首先要看社会就业是否充分。社会就业充分的前提是社会提供的就业岗位足够多，而就业空间的拓展主要依靠经济的发展。改革开放后，我国不仅创造了经济发展奇迹，还创造了就业奇迹。2021 年，我国实现了 29251 万农村富余劳动力的转移就业，城镇就业人员也从改革开放之初的 9499 万人增加到 4.68 亿人，三十多年间新增的城镇就业人数比世界第四大人口国印度尼西亚的总人口还多。如果没有经济的发展，没有更多的就业岗位作为支撑，社会上就会出现大量的失业人员。如果仍有大量劳动者找不到就业机会，那提升就业质量也无从谈起。

二是要促进社会就业更加稳定。社会就业稳定有两个层面的意思：第一，社会就业的大局要稳定。就业总需求和总供给要基本持平，全社会新增就业岗位数量要略大于新增劳动力数量（岗位多出部分主要支持消化历史积淀的失业人员），针对用人单位辞退员工的情况，要有行之有效的应对措施和分流渠道。第二，个体就业要相对稳定。要让劳动者尽可能熟悉本岗位工作，减少重复培训，降低用工成本，提高投入产出比。要减少员工流动性，降低劳动者寻找工作的成本。我们不反对人力资源合理流动，但是劳动者频繁流动无论是对企业还是对个人的发展都是极为不利的，对就业大局的稳定乃至社会的稳定都将产生负面效应。要保持社会就业稳定，必须建立完善、统一、规范的人力资源市场，引导人力资源市场健康发展，实现人力资源社会化、市场化，同时要用政策和制度来规范用人单位的用工行为和劳动者的就业行为。

三是要促进社会就业更加体面。要实现劳动者就业选择的自由，确保市场就业竞争的公平性，保障就业环境的安全性以及就业过程中劳动者的尊严，就必须要求有关部门严格执法，坚决取缔非法用工，坚决制止侵权行为和违规行为，坚决维护劳动者的基本权益不受侵犯。要切实发展和谐劳动关系，建立健全劳动关系协调机制，完善劳动保护机制，让广大劳动群众实现体面劳动。

四是要促进社会就业更加全面。社会就业涉及广泛，不同地域、不同身份、不同群体的就业既存在共性，也存在差异性。一方面，要遵循“劳动者自主就业，市场调节就业，政府促进就业和鼓励创业”的就业总方针，引导劳动者转变就业观念，鼓励多渠道、多形式的就业。政府要努力营造公平的就业环境，鼓励、引导、支持劳动者参加职业技能培训，提升就业市场竞争力，促进劳动者整体素质的提高，帮助劳动者实现更稳定的就业。同时，要大力开展创业培训，激发劳动者的创业热情，提高劳动者的创业能力，提升劳动者的创业成功率，帮助劳动者自主创业、自谋职业。另一方面，要高度关注社会就业的差异性，对经济落后地区的就业工作给予政策、项目和资金上的倾斜。要加大中央财政转移支付的力度，不仅要通过支持经济发展来间接促进就业，还要通过直接加大中央财政就业资金的转移支付来推动落后地区就业工作向更高质量发展。对城乡二元结构造成的城乡就业差异，要坚持统筹兼顾，平衡推进，同时要更多地关注农村富余劳动力的转移就业情况。农村富余劳动力已成为城市产业大军中的生力军，但“同城同工同酬”的待遇在他们身上还没有得到很好落实，其权益保障还有待加强。对不同群体特别是就业困难群体的就业，各级党委和政府应给予更多的关怀和帮助。由于各种因素的影响，他们在就业竞争中处于弱势地位，对就业政策的依赖度更高，所以，在有效防止和消除就业歧视的同时，还应给予他们特殊的政策帮扶甚至兜底保障。

五是要促进社会就业更加科学。要以科学发展观为指导，大力倡导和推动绿色就业，使就业工作与绿色产业、绿色经济发展相辅相成、相得益彰。同时，要在产业结构调整升级过程中不断改善就业结构，重点提高第三产业就业比重，稳定第二产业就业比重，开发第一产业尤其是现代农业的就业潜力，使整个社会的就业结构更加合理，新的就业增长点更加绿色。

切实推进就业工作，必须认真把握好“五个适应”：

一是就业工作要适应社会进步。改革开放以来，我国的经济得到了长足发展，人们的物质生活水平得到了极大的提高，人们的就业追求也由解决温饱向追求体面劳动转变。社会在进步，人们的思想也在改变。“实现更高质量的就业”目标的提出顺应了时代发展的需要，是政府与时俱进的具体体现。就业工作也必须顺应时代潮流，适应社会变化的需要。我们应着力提升公共就业服务水平，实现服务标准化、规范化、一体化。同时，要以完善人力资源市场为平台，以培育人力资源市场为抓手，以网格化建设为手段，全面推进就业服务体系建设。

二是就业工作要适应经济发展。随着我国经济发展进入调整升级期，经济对人力资源的要求也发生了深刻变化，因此，就业工作在人力资源规划、技能人才的培训和储备等方面都必须作出相应的调整，服从并服务于经济发展大局。

三是就业工作要适应市场变化。市场是根据供需变化而变化的，政府在促进就业的过程中，要做到既不缺位，也不越位。概括起来就是要做到以下几点：第一，搭建平台，为市场发育提供空间；第二，规范运行，为人力资源市场健康发展提供保障，当好监督员和裁判员；第三，关注弱势，以政策为手段，以帮扶为途径，促进公平就业；第四，积极引导，发布工资指导价位，发挥市场调节作用。

四是就业工作要适应观念转变。随着经济条件改善、文化程度提高、技能水平提升和周边环境改变，人们对就业的期望发生了很大的变化。择业观念、培训意识、维权意识都逐渐由被动型转变为主动型。当前“招工难”与“就业难”并存的结构性矛盾很大程度上就是因此而生的。所以，如何做好就业的方向性引导和人力资源的有效配置，最大限度地提高职业技能培训的针对性和实效性，已成为就业工作面临的新课题。

五是就业工作要适应政策调整。就业政策是随着形势变化的需要而不断调整的。在改革开放初期，就业政策主要针对知青返乡潮；随后，政策重点转向国企改革、农民工进城、下岗失业人员再就业以及就业困难人群就业，措施随之从安置转变为鼓励自主择业、鼓励用人单位吸纳就业、以创业带动就业等。在推动就业工作、促进就业的过程中，一方面要充分利用和灵活运用就业政策，另一方面要守住政策底线和廉政建设底线，使党和政府制定的就业政策真正发挥作用，使人民群众得到实惠。

第二节　经济发展中就业与失业主要问题研究

一、农村就业与失业中的隐性问题

隐性失业是指劳动者具有劳动能力并在职工作但工作量不足，不能通过工作获得社会认可的正常收入。换句话说，是指虽有工作岗位但未能充分发挥作用的失业。在经济衰退时期，由于企业开工不足，即使未被解雇的工人也无法有效地发挥其能力；在经济繁荣时期，过分膨胀的就业会导致企业人员冗余的现象出现。两种情况下都易产生隐性失业。

（一）我国农村中的隐性失业

隐性失业还有一种定义：劳动者与组织具有名义上的劳动关系，但事实上由于没有工作或工作时间不足而处于在职失业的现象。在农村环境中，隐性失业现象可以通俗地描述为“三个人的田五个人种”。事实上，我国劳动力隐性失业的情况在农村表现得最为严重，而农村富余劳动力的非饱和就业是对农民隐性失业最好的解释。

（二）农民隐性失业的成因与危害

农民隐性失业现象的成因可以归纳为以下几方面：

一是时代原因。传统计划经济时期，政府的城乡隔离政策使农村劳动力无法跟随工业化进程向具有较高生产力的产业部门自由转移，巨量的农业劳动力长期滞留在生产率低下的农业部门。此外，在城乡劳动力的合理流动被强行中断以后，农业被政府视为可以无限容纳劳动力就业的经济部门，当城市因各种原因出现过多的劳动力时，政府就将他们下放到农村，从而使农业耕地承载了翻倍的农业劳动力。而在当前时期，乡镇企业面对日益激烈的竞争，不得不加快技术进步和产品升级的进程，用资本和技术代替劳动，对农村劳动力的吸收能力明显减弱。同时，城镇本身的就业压力也日益加大，客观上阻碍了农村隐性失业者向城镇非农产业的转移。

二是农民工在城市的生存压力大。虽然我国现在已不存在城乡劳动力市场分割的情况，并且国家在助力农民工就业方面出台了很多措施，但农民工在城市生存的压力依然很大，如住房问题、技能问题等都给他们留在城市生活造成巨大阻碍。

三是农村劳动力无法较好地适应经济结构变动。由于农村劳动力的综合素质偏低，难以迅速适应经济结构的变动并转向其他的产业，因此在既有的农业政策框架下，他们成为隐性失业者。

四是经济增长速度放慢，产品需求不足导致市场对劳动力的需求减少，城市可提供给农民工的工作岗位减少，加剧了农民隐性失业问题的严重程度。近两年，不少的农民工已经感受到城市工作难找，选择重新返回农村。

与中国农民隐性失业相关的因素还有很多，比如劳动力有效供给不足、社会保障体系不健全等，但主要的是上述四个（尤其是前两个）因素。农民隐性失业为经济和社会发展带来了极大的危害，庞大的农村人口和农民隐性失业大军已成为阻拦我国国民经济发展和工业化进程的重要障碍之一，也是导致农村不稳定的严重隐患之一。解决农村剩余劳动力的出路问题既是中国农业实现新飞跃要解决的重大课题，也是中国现代化进程中需要解决的一个极富挑战性的难题。我国国民经济的稳定和结构调整越来越依赖于农村剩余劳动力的大规模非农化转移，因此，使农民隐性失业显性化并加以治理是中国农业发展和就业治理的重要工作内容之一。

（三）农民隐性失业显性化的政策措施

一是建立开放统一的全国性劳动力市场。这是使隐性失业显性化和解决农民隐性失业问题的根本性措施。在市场经济条件下，农民也是市场的主体，他们完全有权利选择适合自己的职业。对于日益增多的进城农民，不能简单地采取堵、卡、驱等限制性措施，而是要认真研究农民流动的新情况与新问题，找到新的解决办法。

解决农民隐性失业问题必须通过改革劳动力流动机制来完成，必须改革现行的二元户籍制度，消除就业歧视。其中最根本的措施是消除就业歧视，加快培育城乡一体的劳动力市场，推动城乡隔离的户籍制向城乡一体化的户口登记制转变。虽然户籍制度改革已经走出了第一步，但还需要出台一系列配套政策以发挥作用。

在现阶段，加快农村剩余劳动力合理转移的根本出路在于农村城镇化。小城镇是吸纳农村剩余劳动力的主要阵地，因此要放开小城镇户口，为农民进镇落户创造条件，允许农民在城镇拥有第二住宅。同时，农民进城镇落户后应纳入社会保障体系，用人单位必须为农民工交纳社会保险费用，并建立养老、医疗等社会保险个人账户。此外，农村社保要与城镇社保实现对接。通过实行身份证管理，建立新的劳动就业运行机制，促进农村劳动力市场和城市劳动力市场接轨。

二是提高非农产业的增长速度。这是加快我国农村剩余劳动力转移进程的关键。要为规模庞大的农村剩余劳动力谋出路，我们必须采取“多渠道分流，多种形式转移”的战略，依靠一、二、三产业的全面发展，全方位开拓就业门路，最大限度地提供就业机会。为了防止大量农村人口过度涌入城市，诱发“城市病”，我们应该充分挖掘农业内部的就业潜力，使农业有效地充当起过剩劳动力的“蓄水池”。同时，应积极开拓国际劳务输出市场。但这两条渠道吸纳农村剩余劳动力的能力依旧有限。今后，发展乡镇企业将是农村剩余劳动力转移的主要渠道。目前我国的乡镇企业吸纳了农村约 1/4 的劳动力，但是它们吸纳农村剩余劳动力的能力正在减弱。因此，要通过创造良好的政策环境，遏制乡镇企业的滑坡速度。从中长期来看，乡镇企业的发展必须依靠深化改革，重塑新机制，再创新优势，从适应性调整转为战略性调整，全面提升企业的整体素质和综合实力。

三是农业产业化。这是农村剩余劳动力转移的重要途径。农业产业化能够突破小农户瓶颈约束，排除传统体制障碍，从而增强农业市场发展动力，解决大量农村剩余劳动力的就业问题。推广农业产业化，一要根据资源情况制定规划，加强宏观指导；二要在财政、信贷等方面给予优惠政策，鼓励中小企业和各种中介服务组织投身农业，充当农业产业化的龙头；三要扶持龙头企业，培育区域性主导产业，适度推进生产基地的规模化经营。

四是充分利用现有的农村劳动力。农村劳动力大量闲置是对经济资源的一种巨大浪费。可以采取以下思路充分利用现有的农村劳动力：通过农业部门的结构性调整，提高农业的多样化指数，从以种植业为主向林业、牧业、副业、渔业等多种经营方向转变，这样既能提高农村劳动力投入量，又能增加农民的人均纯收入；提高复种指数，增加单位耕地面积的农村劳动力投入；利用农村劳动力大规模开展农田基本建设，如植树造林、修路筑桥、疏浚河道等。政府可以采取以工代赈的形式动员当地农民开展上述工程，既可以充分利用现有农村劳动力，又可以改善农业生态环境。

五是着力打造坚实的农业基础，为农村剩余劳动力转移创造可靠条件。对于实现了从二元经济向现代一体化经济转换的国家和地区而言，发达的农业对这种转换的实现起到了举足轻重的作用。

仅靠现代城市产业的自行扩张，农村剩余劳动力的问题不可能得到根本解决。因此，在我国城乡经济差异逐渐加大的趋势下，需要实行向农业适度倾斜的政策来振兴农村。政府应利用政策导向促使生产资料流向农村，推动农村自身发展，加强农业经济的综合开发和深层次开发，提高农业效益。一方面，要鼓励千千万万的农业大军搞好农业的综合开发，进一步调整和优化农村产业结构，促进农村经济全面发展，增加农业内部的就业容量；另一方面，要从改革农业生产方式和改善农业生产组织形式入手，不断提高农业生产的商品化、社会化程度，逐步打破社会管理和部门管理的界限和束缚，推动农村第三产业迅速发展。此外，还要增加对农业的多元投资，采取有力措施理顺主要农产品与农业生产资料的价格关系，缩小工业和农业产品之间已存在的“剪刀差”，提高农业的比较效益，防止农业因剩余资金持续流入工业而经常处于“失血的状态”。

二、“招工难”“就业难”并存问题的化解

社会经济的发展涉及诸多要素，其中人力资源要素的重要性不言而喻。经济的发展离不开企业，而企业的经营离不开管理人才，企业的产品开发离不开科研人才，企业产品的营销离不开销售人才，企业的产品生产离不开熟练的技术工人。简而言之，企业和经济的发展离不开人才，特别是“有用的人才”。这就涉及招工和就业的问题。企

业（准确地说应该是用人单位）招工是生产的需要。当企业发展势头良好，生产任务繁重时，就会扩大招工规模，这对于扩大就业空间，促进就业是十分有利的。

前面我们已经提到，经济发展是一个很复杂的系统工程。简单地说，用人单位对劳动力资源的需求是有条件的。经济社会发展到今天，用人单位所需的人才应该是有知识、有文化、有技能的人。当那些停留在社会人力资源“蓄水池”中的人才无法达到用人单位的要求时，即人力资源配置效率低下的时候，就业的结构性矛盾就产生了——企业“招工难”，同时劳动力“就业难”。

针对当前我国就业的结构性矛盾突出的现象，可以从以下方面解决“招工难”和“就业难”并存的问题：一是要提升人力资源整体素质。政府职能部门要加强引导，提高培训的力度以及培训的针对性、实用性。要根据市场的就业需求来开展培训，而不是盲目地扎堆。二是要解决人力资源配置问题，即求职和招工信息不对称、不畅通的问题。政府要做好引导和协调工作，充分运用现代信息手段，充分调动社会力量和市场力量，以解决人力资源配置过程中的区域性限制、时效性限制等突出问题。三是要解决用人单位人力资源规划和使用稳定性不足的问题。人力资源的培养是需要时间的，是有周期的，并不是像到酒店用餐那样能够随叫随到。四是要做好宏观调控。一个国家或一个地区的经济发展方向、产业规划等因素都将直接影响企业的运营方向、对人力资源的需求以及对人力资源的培养和储备。五是要解决人们的观念问题。有的求职者总觉得下一个工作更好，便不停地在一个个企业间跳来跳去，把时间都浪费在择业的过程中；有的求职者自视过高，对待遇标准和工作环境要求苛刻，导致高不成低不就；有的求职者错误地认为做家政服务低人一等，从内心产生抵触情绪；有的求职者年龄偏大、文化偏低、技能偏低，且不愿接受新生事物，不愿学习新的知识和技能，导致总是不能适应新的工作岗位需求。

招工难不难？既难，又不难。用人单位只要提前谋划，充分了解市场信息，提升自身品质，提高用工待遇，就一定能招到满意的员工。就业难不难？既难，又不难。尽管目前社会就业压力大，但求职者只要练好过硬的本领就不用担心找不到工作，是金子到哪里都会发光的。

三、如何完善公共就业服务体系，促进就业创业

做好就业工作，除了要充分依靠经济发展来扩大就业外，很重要的一点是不断完善公共就业服务体系。通过增加服务项目、扩大服务范围、提升服务效率和服务质量，全面推进公共就业服务均等化，切实增强人民群众在就业创业领域的获得感、幸福感、安全感，为全社会共同富裕提供就业保障。

我国的就业工作已历经数十载的历程，期间取得了辉煌的成就，但是离人民群众的期盼还存在一定的差距。当前的公共就业服务中仍存在许多不足和问题，其中比较突出的有两个方面：

一是公共就业服务机构队伍的专业能力和服务能力不强。在县级及县级以下行政区，多数地方的公共就业服务机构存在人员配备不到位、工作人员业务素质参差不齐的现象。在最基层的社区和行政村，从事公共就业服务工作的多数是兼职人员；在街道和乡镇，公共就业服务机构里往往只有一个工作人员，难以应对巨大的工作量；而在县、区级的公共就业服务机构，虽然可能有三五个工作人员，但他们大部分时间都忙于上传下达、写总结、迎检查、填报表，几乎没有时间去思考、安排、推进工作，更谈不上提供优质的服务。此外，基层严重

缺乏职业技能培训的“双师型”教师队伍、技能鉴定考评员队伍、人力资源师队伍、劳动保障协理员队伍等。

二是公共就业服务的均等化有待加强。社会的城乡二元结构客观上导致了城乡经济社会发展不平衡，大量的优质公共资源集中在城市。同时，与就业相关的人力资源公司、人力资源培训机构等在城乡分布不均衡，导致城乡公共就业服务能力不均等。

如何才能解决好上述突出问题？可以从下列几个方面入手：一是要从顶层设计着手。站得高方能看得远，因此要抓住关键部分，纲举才能目张。二是要从体系建设着手。要把健全覆盖城乡的公共就业服务体系作为总抓手，合理布局服务网点，配全配齐设备设施，科学建设、规范运行各种人力资源活动场所，充实各级人力资源机构的人员配备，保障运营经费，多元化、多主体、多层次、全方位地调动社会力量参与公共就业服务，共同促进公共就业服务向高质量发展。四是要进一步规范制度，坚持服务范围、服务项目、服务流程、服务要求的统一，形成规范有序、公开透明、快捷优质的服务环境。五是要积极探索高效快捷的服务方式，要充分运用现代科技手段，一切从方便群众出发，推广各地从实践中积累起的先进成功经验，不断提高公共就业服务的效率和质量。

公共就业服务涉及千家万户，涉及人民群众的切身利益，因此务必在求真求实上下功夫，要牢固树立大就业、大服务的观念。

第三节　促进就业的相关问题研究

一、劳动力资源在社会财富分配中的占比问题

我们用 N 表示就业量，用 D 表示有效需求，用 D_1 表示预期的社会消费量，用 D_2 表示预期的新投资量，用 φ 代表总供给函数，用 x 代表消费倾向，那么可由 $D_1+D_2=D=\phi(N)$ 推导出 $\phi(N)-x(N)=D_2$。

当 D_1、D_2 均衡发展时，D 的增加会带来 N 的增加。

当 D_1 超越 D_2 时，会出现超前消费，形成社会财富透支的现象。这种透支延伸到金融领域，就造成短期内的金融繁荣和经济繁荣，也就是经济泡沫。超前消费不能长久存在下去，因为社会财富的积累者不可能长期为超前消费者买单，在达到忍耐和承受的极限时，他们将终止买单行为并追索预付的垫支资金，导致金融机构将在一夜之间陷入财务困境，面临资产重组或破产倒闭的局面。于是，金融危机出现，生产企业的资金链发生断裂，而缺乏流动资金或后续资金支撑的结果就是停产。经济危机在金融危机的催化下出现，导致实体企业限产、停产，D_2 减少，就业岗位缩减。

当 D_2 超越 D_1 时，生产出现过剩，产品积压，资源被浪费，社会财富出现负增长。这种情况下，企业生产得越多，负债就越高，调整的余地就越小。极端情况下实体经济会崩盘，出现大规模的企业裁员，导致大量员工失业，社会陷入动荡不安。

有消费就有需求，有需求就有投资，有投资就有生产，有生产就有岗位。假定社会的消费倾向不变，那么就业量的均衡水平取决于当

前的投资量，在这一均衡水平上，雇主们既不想扩大也不想缩小其雇用的人数。当前的投资量取决于投资诱惑，而投资诱惑又取决于两股势力的相互关系——资本的边际效率和各种期限不同、风险不同的贷款利率。

我们在分析就业量时，要把握的是总供给函数与总需求函数的交点，但为了准确把控就业形势，我们要研究总供给函数的反函数——就业函数。假设一般经济条件不变，则消费支出（以工资单位计算）水平是由产量和就业量决定的。

凯恩斯有这样的论述："如果我们假设（作为第一近似值）就业乘数等于投资乘数，那么我们就可以用投资乘数去乘由上面提及的各种因素所决定的投资的增加量（或减少量），以便推算出就业的增加量。"①

就业量的增加会提高货币需求量，理由有三："第一，当就业量增加时，即使工资单位和价格（用工资单位来衡量）保持不变，产品的总价值还是会增加。第二，就业量增加时，工资单位也有提高的趋势。第三，产量增加时，短期内成本的增加会引起物价（以工资单位来衡量）上涨……即在产量和就业量上具有大幅度的波动，且并不稳定。以往的事实表明，充分就业或近似于充分就业的现象是少见的，即使有也是昙花一现。刚开始时波动是比较大的，但在还没有达到高峰之前，经济已经出现疲态，因此我们经常处于一种中间状态，既不绝望又不满意。正是由于这种波动在没有达到高峰之前就已出现疲态，

① 约翰·梅纳德·凯恩斯：《就业、利息和货币通论》，宋韵声译，华夏出版社，2005，第190页。

并随后向相反的方向变化，才有经济周期理论的出现。”[①]

凯恩斯还分析道：“（1）当一特定的社会的产量增加（或减少），是因为更多（或更少）的劳动力被迫用在资本设备上时，社会的边际消费倾向必然会出现这样的状态：由该边际消费倾向推算出的乘数虽然大于1，但数值并不很大。（2）资本边际效率曲线必须呈现这样的状态，以致当资本的预期收益或利息率有所变化时，新投资数量的变化不会与前两个因素的变化过于不成比例。这就是说，当资本的预期收益或利息率适当变化时，投资量的变化也不能太大。（3）当就业量变化时，货币工资趋于作出同方向的变化，但货币工资的变化不会和就业量的变化过于不成比例。这就是说，当就业量适当变化时，货币工资的变化也不能太大。这与其说是就业量的稳定条件，还不如说是价格的稳定条件。（4）我们可以再增加一个条件，这个条件与其说是经济体制的稳定提供条件，还不如说是为波动在朝着一个方向变动到一定程度后自行扭转方向提供条件。这就是说，如果每一期的投资量比前期的投资量增加（或减少），而且这种状态能够持续一段时间（以年为计算单位），那么就会对资本边际效率产生不利（或有利）的影响。”[②] 第一个条件说明，当投资量只是发生适当的变化时，对消费品的需求影响相对平稳。第二个条件说明，当资本的预期收益稳定，利息率也变化不大时，投资量保持稳定。第三个条件说明，就业与货币工资的关系符合我们对人类本性的认识，货币工资的调整就是在追求

---

① 约翰·梅纳德·凯恩斯：《就业、利息和货币通论》，宋韵声译，华夏出版社，2005，第191页。

② 约翰·梅纳德·凯恩斯：《就业、利息和货币通论》，宋韵声译，华夏出版社，2005，第192页。

实际工资的稳定。当就业量增加时，货币工资的斗争会更加激烈，原因是劳动者的议价能力随着维权意识的增强而增强，同时工资边际效用的递减和自己的经济承受能力使他更容易承担风险。

根据凯恩斯的说法，社会总需求的大小取决于货币量与货币收入流通速度两者的乘积。当货币工资降低时，货币量或货币收入流通速度会相应降低，一部分劳动者的购买力发生下降，但大多数劳动者的货币收入并未减少，他们的实际需求同样会因物价下跌而受到刺激。假设其他条件不变，即消费倾向、资本边际效率和利息率保持不变，那么货币工资降低是否会导致就业量增加？只有社会的边际消费倾向于等于 1，即收入增长与消费增长相等时，或者只有当扩大的投资足以弥补收入增长与消费增长之间的不平衡时，答案才是肯定的。

由此可见，货币工资降低并不会使就业量产生持久增长的趋势，除非它们对整个社会的消费倾向、资本边际效率或利息率产生影响。要想了解货币工资降低对就业量的作用，需继续考察它对这三个因素可能产生的影响。

如果我们所研究的是一个现代的、开放的经济体，而国内外货币工资的降低是一致的（两种工资均以相同的单位计算），那么，这种降低对投资人来讲是有利的，因为它客观上可增大贸易顺差。

假设货币工资的购买力不变，则货币工资现在的降低预示着用工成本的下降，有利于投资。

现实情况是，世界各国即使处在金融危机中，也未必愿意以降低劳动者工资来应对金融风险的冲击，因为物价指数上升，实际上已使劳动者的工资收入降低了许多。

货币工资的每次降低都会降低人们对未来收入的信心。这种情况对提高资本的边际效率是极为不利的——至少有一点是可以肯定的，那就是当货币工资不能满足劳动者及其抚养对象的基本生活，使劳动者的生存受到威胁时，企业的生产也难以正常开展，社会就会出现萧条和动乱。

从理论上讲，影响利息率的方式有两种：一是降低工资，保持货币数量不变；二是增加货币量，保持工资不变。二者的效果一样，都是保障充分就业的重要手段，所受限制也相同。由此可推导，任何一个有伸缩性的工资政策都不可能维持充分就业。

就业量逐渐减少时，劳动者对货币工资的期望值下降，产量也会相应减少。就业量的减少，预示着就业空间的缩小。当劳动力资源是一个相对固定的数量时，就业量减少就意味着就业市场竞争程度增强，导致劳动者为谋工作只能降低要求（但绝不是无限度的）。自 2019 年以来，全球性的疫情冲击和国际贸易摩擦的加剧导致我国的就业形势更加严峻，就业市场竞争更趋激烈，劳动者特别是新增劳动力在就业竞争中不得不降低期望值。

劳动力资源作为社会生产的要素之一，同样会受到市场规律的制约。每当市场上劳动力资源供大于求时，单位商品生产中，劳动者参与商品分配（财富分配）的比例便会缩小，但当市场上的劳动力资源供小于求时，也就是出现我们通常说的劳动力短缺时，劳动者在某种程度上就具备了生产后的财富分配议价权，此时劳动者在财富分配中除可获得满足本人和家庭生活的基本需求外，还能有部分积累。这些积累在下次再生产时可以转化为资本进行投资。

当然，劳动力资源在财富分配中的占比过大会影响商品生产要素中生产资料和资本的投入，这同样会制约从生产到再生产的循环，从而制约社会的进步。

二、物价与工资对就业的影响

在之前的研究中，人们对就业的探讨总是容易流于表面。实际生活中，人们大多将讨论重心放在政策导向、个人意愿、供需双方总量等问题上，而在理论研究中大多将重心放在就业总量、失业状况等指标上。当真正遭遇经济大环境下行的情况时，大家才突然发现上述这些因素固然重要，但更为核心的是收入导向。如果不能有效、持续地保证劳动者收入稳定在一个合理的范围内，再多的筹谋都无异于扬汤止沸，治标不治本。那么，什么样的收入水平是合理的呢？这就不得不提到商品的物价、劳动者的工资，以及两者之间的关系。如果能将这两者的关系妥善解决，那么充分就业、体面劳动、消费和再生产等相关问题自然会得到解决。

然而，在现实的经济生活中，我们大多会面临商品价格上涨而工资水平停滞不前的困境，这就给解决上述问题带来了巨大的挑战。因此，我们需要采取有效措施来提高工资水平，以促进经济的稳定增长和可持续发展。而提高工资水平并不是单纯和片面地给劳动者涨薪，而是应从以下两个方面进行分析：一是要了解物价与工资的增减会对就业产生什么样的影响；二是对于其中不好的影响，应该如何面对。

（一）物价与工资对就业的影响

对于此问题，我们将分两个层面展开讨论。第一个层面关注个体劳动者，探讨劳动者对物价与薪资的观点、观念及行为，以及这些观点、观念和行为对整个社会经济产生的影响，进而分析其对就业市场的作用。第二个层面关注国家宏观层面，分析工资标准、薪资增幅、社会平均生活水平、公众幸福感、物资的流向和聚集等因素对整个社会，以及对整个社会就业情况的影响。

1. 个人层面。

从劳动者个体角度看，在获得薪资后，最常见的三个处理方式为消费、储蓄和投资。其中，若个体停止消费，其劳动成果的交换过程也将随之停止。若个体的劳动所得不直接用于消费，或购买劳务与商品的部分不再单纯地用于当下，而是投入生产并积累财富，以待未来使用，这部分财富的投资行为称为储蓄。在经济循环链条中，当消费逐渐降低，储蓄逐渐增加时，个人需求不再是整个经济生产链条中的关键因素，生产的目的和生产成果的拥有会转换为社会财富的积累。

当然，有人认为人们将多余的资金用于储蓄的行为在某种程度上也可以被视作消费，但是，这种消费并不会直接产生新的经济效益或满足人们即时的需求。而当资金被存入银行后，市场上将会有部分与存款金额相当的商品或服务被滞留。若存款人选择不立即购买商品或服务，这部分社会财富便会被迫闲置。

随着时间的推移，这种闲置状态可能会导致商品或服务价值的减少或损耗，进而使得社会财富相应减少。这种情况有可能进一步引发货币贬值的问题，还可能占用社会公共资源，对扩大再生产形成制约。长此以往，这种制约可能会影响到就业岗位的增加或劳动报酬价值的提高。所以，如果大量劳动者因为某些因素，在特定时间段内都选择了储蓄，这样的情况是非常不利于扩大再生产的，对整个社会的经济运行，甚至就业，都会带来较大的负面影响。

2. 国家层面。

（1）工资标准与增幅水平影响社会公平。

凯恩斯新古典学派经济理论中对工人工资的定义分为两类：一是货币工资；二是实际工资。当因物价上涨，货币发生贬值时，工人的货币工资看似不变，但实际工资是在下降的。为了保障劳动者基本的生存和生活需求，货币工资应达到一定的最低标准。在我国，这个标准就是最低工资标准，也是劳动者追求的最低限度货币工资。

最低工资标准制定的依据来源于什么呢？这里就不得不提到劳动的自然价格。劳动的自然价格，是确保劳动者能够维持生计并保障其后代延续所必需的价格。劳动者为了供养自己和家庭，需要购买生活必需品，而这些必需品的满足程度并不取决于他获得的货币工资的多少，而是取决于这笔工资所能购买到的食物和必需品的数量，以及那些因习惯而变得不可或缺的便利设施。正因如此，随着社会进步，劳动的自然价格通常呈现出上升的趋势。

所以，工资的逐步上涨是符合社会发展规律的，是一种必然趋势。因此，在劳资协调过程中，工人通过一定的斗争方式争取到货币工资的增加，且当工资增加幅度高于物价上涨指数时，工人的实际工资得到增长，从而提高了他们的生活水平和质量。这是社会经济发展成果让劳动者共享的体现，也是对劳动者努力工作的肯定和回馈。

工资增长速度与社会经济发展水平是否同步，直接影响到社会财富分配的公平程度。如果工资增长过快，超过社会经济发展水平，可能会导致社会财富积累不均，加剧贫富差距；反之，如果工资增长过慢，滞后于社会经济发展水平，则可能使得低收入群体无法分享到经济发展的成果，同样不利于社会公平。

（2）社会平均生活水平的变化影响幸福感和就业热情。

随着工业进步和经济发展，人们的生活和工作方式发生了深刻变化，对基本生存和生活条件的界定也发生了变化。随着社会经济的发展，人们不再满足于基本的“吃饱、穿暖、够住”，而是追求更高品质的生活。

首先，在饮食方面，人们越来越注重营养搭配，追求健康饮食。其次，在穿着方面，人们开始关注时尚潮流、服饰的款式和质地，不仅追求保暖，还注重衣服的设计、面料、剪裁以及品牌等方面。再次，在居住方面，人们对于住房的需求提升到了对居住环境、户型设计、建筑品质等方面的追求。2020 年全国城镇房地产业对国内生产总值的贡献率达到了 7.34%，行业的实际销售总额为 74553 亿元人民币。若以 14 亿人口为基准进行平均分配，那么同年人均在该领域的消费额为 5325 元。至于物业管理费用，按照“高补低”的原则，假设人均每月支出为 50 元，以城镇人口 7 亿计算，这一部分的年消费约为 350 亿元。无论是消费总量还是人均消费数量，都相当可观。

除此之外，随着科技的进步，人们在日常生活消费中新增了如冰箱、彩电、音响、空调、手机、电脑等大量生活必需的物品。根据统计数据可知，至 2021 年，全国三大营运商移动电话用户总数为 16.43 亿户，年消费总额已达到千亿级别。

总之，在社会不断发展的过程中，人们日常使用的家居用品和电子产品等物件的购置和使用成本也在不断上升，这是经济发展和消费升级的必然趋势。因此，公众对最低生活保障标准的认知已发生改变。这意味着过去仅满足基本生存需求的人民，如今需要更高程度的满足才能达到满意的生活水平。如果劳动者通过持续劳动仍然无法过上基本满意的生活，那么他们的就业热情势必受到打击，可能滋生“佛系、摆烂、躺平”等一系列消极情绪。这无疑给当下的决策者们带来了不小的挑战与考验。

（3）物资的过度集中会阻碍社会整体收入的提高。

在经济发展的过程中，生产力水平的提升始终是关键所在。有人曾提出过这样一个观点，即生产力提高需要大量货币的支撑，这是因为货币作为经济活动中的媒介，能够在很大程度上促进生产要素的流动和整合。那么，如何才能更好地利用货币的力量，推动生产力的提升呢？

过去有一种观点认为，通过将广大劳动者的剩余资金集中起来，并投入有意向的生产领域，能够为该领域的生产提供充分保障。起初采用的方式是通过各种途径，吸引不具备专业知识的劳动者对意图发展的领域进行投资。后来，有人认为此方法过于缓慢，于是逐渐将注意力转向工人的工资和产出。一部分人采取延长劳动者劳动时间的方式，将多余的产出变现，以实现财富积累的目标；另一部分人则通过降低单位产品的工资，侵占劳动者的单位劳动余额，以达到聚集财富的目的。这时若政府未能及时发现这种行为，并采取有效措施制止，则将导致社会财富分配不均和贫富悬殊过大的问题，进而抑制个人的投资意愿和创业激情，阻碍劳动者乃至整个社会生产效率的提高，影响社会经济的持续发展。

在市场经济环境中，企业运营的首要目标无疑是实现盈利。因此，在一定程度上，上述投机行为推动了部分人财富的迅速积累。然而，我们要清晰地认识到，这种财富积累并不是通过合法劳动或创造社会价值的方式来实现的，而且，一旦上述投机行为导致虚假财富累积，其负面影响往往难以逆转。但是，仅仅依靠简单的法规限制，很难从根本上解决问题。正如 2008 年美国金融危机，尽管西方资本主义国家表面上极力鼓吹自由经济，但实际情况则是金融市场的掮客们欺诈政府和民众，导致整个国家陷入危机。

（二）应对负面影响的策略与方法

关于如何处理物价与工资增长给就业带来的影响这一问题，我们也从个人和国家两个层面提出了一些建议和意见。

1. 个人层面。

个人过度储蓄所带来的问题，可以通过消费解决，最终达到扩大就业岗位的目的。假设在一种理想的经济环境中，个体用于购买他人产品的资金均来源于出售自身产品的收益，那么当这个个体需求翻倍时，他需要双倍资金来购买产品，也就必须让自身产品的收益也翻倍。此时有两种方法可以达到这个目标：一是涨价，二是增加产品的供应量。反之，如果该个体自身产品收益翻倍，那么需求自然随之增长，为满足需求，市场的商品供应量也会相应地增长。假设在这一过程中，个体的供应和需求都在以同样的速度增长，其购买行为也随之增加，同时个体用于交换的资源也呈现相同的增长趋势，这时，整个经济活动的决定因素就是个人需求。

2. 国家层面。

（1）工资与物价同步增长是扩大就业的重要保障。

员工工资是对其劳动价值的评估，也是企业对员工工作表现的认可和激励。合理的工资收入和体系有利于促进整个社会劳动生产力的良性循环。理论上，工资收入的变动情况，是衡量员工工资水平真实性的重要依据，与给定的劳动力需求水平相对应。当然，在现实情况中，工资水平受到多种因素的影响，包括生产力的变化、市场供需关系、雇佣劳动力数量、固定资本设备的收益等，这些因素都会对工资水平和劳动力供求关系产生重大影响。因此，理想化状态下的结论并不能完全适用于现实情况。

所以，要实现劳动力价格与物价同比例上涨，需要充分考虑以下几个问题：

首先，决策者需要充分认识到一点，即简单地通过降低货币工资额度来降低实际工资并非理想之举，因为这样做无法促使经济恢复到充分就业的水平。虽然在短时期内这种做法通常不会引发劳资关系的紧张，符合一般的劳资和谐标准，但我们必须认识到，这种实际工资的下降可能是一种假象——当这种下降尚在人们的承受能力范围内，且不显著影响基本生活品质时，它才可能被接受。

其次，政府的政策导向和对经济的干预是影响货币增值的重要因素。要实现劳动力价格与物价同比例上涨，就必须保证名义货币存量（指在某一时点上，一国政府所控制的货币总量）固定不变、社会就业水平保持充分、劳动力市场相对均衡。

最后，我们必须清醒地认识到，在科技进步的背景下，社会经济正在发生深刻变革。在经济社会活动中，经济运行的惯性决定了工人工资待遇的增长，同时也影响就业量增长。这一系列的变革是历史发展的必然趋势，不受个人主观意识的影响。因此，决策者们应正确看待这一问题，保证工资增长与社会经济发展水平相一致，实现社会财富分配的公平公正，稳定就业。

（2）顺应时代变化，积极满足需求，提升就业热情。

公众对最低生活保障标准的认知已发生改变，这意味着过去仅满足基本生存需求的人民，如今需要更高程度的满足才能达到满意的生活水平。这一发展趋势无疑给当下的决策者们带来了不小的挑战与考验。值得庆幸的是，所有的变化都有迹可循，我们将这些变化的特性大致归纳为渐进性、不平衡性和可能丧失性。

首先，这些变化并不是突然发生的，而是一个逐步演变的过程。以电视机为例，它从小到大、从晶体管到等离子、从黑白到彩电的演变，以及其他电器的逐步演变，都显示了这种渐进的过程。认识到其渐进性质，我们便有充足的时间来制定和调整政策。由于这一趋势符合发展大势，而大势所趋往往难以被人为抗拒或阻挡，因此，顺应这一发展趋势，在关键节点加强规范和管理措施，应为明智之举。例如，高度重视劳动者的福祉问题，渐进式地采取措施提高劳动者的收入水平和福利待遇；加强对用人单位的监管，严格执行最低工资标准、加班补贴、社会保险等政策；加大对违法违规企业的处罚力度，使其承担相应的法律责任，维护劳动者的合法权益，激发他们的就业积极性。

其次，这些变化表现出客观存在的不平衡性。城市和经济发达地区对高水平生活物品的拥有量和覆盖面明显高于农村和经济落后地区。这种发展的不平衡不容忽视。针对此种不平衡现象，不宜采取一致性的调整策略；相反，若加以妥善处理，可将其转变为推动公众进步的动力。所以，一方面政府要加大对公共服务设施的投入，为劳动者提供良好的生活环境和服务；要加强住房、教育、医疗等领域的改革，降低劳动者的生活压力。另一方面，要通过政策的引导和调控，促使他们自发地进行合理流动。比如，进一步完善劳动法律法规中关于高级知识分子和技术人才的奖励机制；全社会要树立尊重劳动、尊重知识、尊重人才、尊重创造的风气。同时，注重丰富劳动者的精神文化生活，举办各类文化活动，让劳动者无论身处何地，都能有效提升他们的幸福感和归属感。

最后，我们应该认识到，这些变化也可能带来一些丧失性。随着技术的不断更新换代，一些旧的技术和产品可能会被淘汰或被取代，这会导致一些人的利益受到影响或损失。政府和企业要共同推进产业升级和技术创新，提高劳动生产率。通过产业转型升级，优化劳动力市场结构，使劳动者能够适应新的就业形势；加强职业培训，提高劳动者的综合素质和技能水平，使他们能够在更高水平的产业中找到更好的工作机会，从整体上提高收入水平。

综上所述，我们仍有充足的时间和机会根据这些特性有针对性地进行优化和调整。企业、政府和社会要共同努力，保障劳动者的合法权益，提高他们的收入水平和福利待遇，使劳动者在持续劳动中过上满意的生活。同时，进一步激发他们的就业热情，以此推动我国经济社会持续健康发展，实现全体人民共同富裕的目标。

（3）增加整体收入的最有效途径是提高生产效率。

为了使整个社会群体的收入水平迈向新阶段，强行剥夺或垄断投机均非可行之道，最为有效的方法在于提高生产效率。然而，在提升生产效率的过程中，仅仅缩短劳动者工作时间或单纯提高劳动者工资的做法皆不能达到预期效果。相较之下，关注劳动产能、就业空间以及扩大再生产的方式更为合适。

①劳动产能与就业空间是关键。

有一种观点认为，人们通常会采取缩短工作时间的方式来调节生产活动节奏，因为延长劳动时间并不能带来更大的经济效益。利用缩短个体工作时长的方式，可以增加就业的个体数量，从而增加就业岗位。然而在现实社会中，缩短劳动时间往往会导致产量降低。另外，如果仍然采用原有的生产方式，那么对于提高产品品质、产品销量和创造财富来说，并无实质性帮助。

"限制劳动时间可以不断提高工资"这一观点是建立在一个假设条件基础上的，即劳动生产率的提高。如果劳动生产率不断提高，那么在相同的劳动时间内可以生产更多的产品或提供更多的服务，这将产生更多的价值，从而提高工资水平。但是这一前提会受到诸多复杂因素的影响。

理论和实践都证明：在实行计件付酬制度时，工人的劳动强度往往会超过实行计时付酬制度的情况。这是因为计件付酬是以完成的工件数量为基础计算报酬的，这使得工人在追求更高的报酬时，可能会加大劳动强度，从而在相同时间内完成更多的工作。相比之下，计时付酬制度是以工作时间为基础计算报酬的，工人的劳动强度可能相对较低。因此，在计件付酬制度下，工人的劳动强度往往会超过计时付酬制度的情况。

于是我们发现，要想从根源上增加整个社会的收入水平，需要从以下三个方面进行深入思考。首先，劳动报酬的水平归根结底取决于工作效率和劳动产能的高低。其次，就业空间的规模取决于企业、行业和产业的规模和活力。企业需不断发展壮大，行业需持续保持强劲实力，产业需不断创新升级，生产力才能从根源上有所突破。最后，提供工作岗位的人应具备前瞻性，能够预测未来经济发展趋势和市场需求，并及时调整生产方向和行动策略，才能在关键的决策实施阶段确保原则性与方向正确。

②扩大再生产是动力源。

早期为了提高就业，有一种做法是提高劳动者的单位时间报酬，甚至表示“只要工资给得高，不愁招工招不到”。历史上最初成立职工工会的目的在于提高工资，也为了确保工人具有独立性，提高他们的生活水平。但是，这里要指出的是，“招工”不能完全等同于“就业”。从过往的经历可以看出，于整个社会的大就业情况而言，仅仅依靠提高工资来扩大就业的举措收效甚微，而且工资普遍上涨会导致用工成本上升。所以，如果仅通过提高工资来提高劳动效用，而不提高效率，这将损害社会利益，且不可持续。

这一观点也在西方经济学家的研究中得到了证实，例如马歇尔曾提出过关于社会进步的可能性的结论：国民收入的平均分配会降低许多技工家庭的收入；社会的最底层需要特殊对待，但是提高非技术性劳动工资的捷径，莫过于使各阶层人民的性格和才干受到完备的教育，以使一方面大大减少那些只能胜任无特殊技能劳动的人的数量，另一方面增加那些善于独立思考（这是人对自然控制的主要源泉）的人的数量。而真正的高标准的生活是不会达到的，除非人们学会了善于利用空闲时间。这是剧烈的经济变革的负面影响之一，这些变革速度超过了人类从长期自私自利和斗争中继承下来的那种性格的转变速度。……现有的社会经济力量使财富的分配日趋完善；这些力量经常起着作用，而且日益强大起来，影响也大多是积累性的；社会经济组织比初看上去要更微妙而复杂；考虑不周的巨大变革会引起严重的后果。……政府占有全部生产资料，即使这种占有是逐渐而稳步地实现的，但也会像比较负责的“集体主义者”所担忧的那样，对社会繁荣的损害比初看起来要大得多。①

要从根源上扩大就业，可以通过扩大再生产进一步实现。扩大再生产作为经济发展的重要环节，其动力源泉主要来自市场需求。市场需求可以从两方面进行解释：一方面，扩大再生产受到市场需求的驱动；另一方面，扩大再生产又受到投资资本回报需求的推动。

市场需求的驱动可以具体表现为：只有当消费者对产品有足够大的购买意愿和支付能力时，企业才会有动力进行再生产。而投资资本的回报需求具体表现为：企业为了获取更多的利润，会不断地进行投资，扩大生产规模，提高生产效率，以满足市场需求。于是，从上述分析中不难看出，在市场经济条件下，扩大再生产的过程实质上就是市场调节的过程。

找到了根源所在，要利用扩大生产来实现扩大就业，就相对比较

① 阿弗里德·马歇尔：《经济学原理》，廉运杰译，华夏出版社，2005，第556页。

简单了。总结起来可以分为四个步骤：第一步，企业可以根据市场需求的变化，调整生产计划，优化资源配置，提高生产效率，以实现利润最大化。第二步，政府应当加强对市场的监管，维护市场秩序，为扩大再生产创造良好的外部环境。第三步，企业可以依靠科技进步和创新，通过引进新技术、新设备、新工艺等方式，提高生产效率，降低生产成本，增强市场竞争力。第四步，企业应当注重人才的培养和引进，提高员工素质，为企业的长远发展提供有力的人才保障。

（4）其他。

在对社会经济水平有了一定深入了解之后，我们还需在税收政策、货币购买力和非自愿性失业问题上做出相应调整，以从侧面助力社会就业的稳定发展。

①合理制定税收政策。

在社会财富分配的问题上，税收是遏制暴利行为的最合理手段。首先，通过税收调节，将部分利润转化为国家资产，有助于实现社会公平。在市场经济中，企业和个人之间的财富差距日益扩大，这不仅加剧了社会贫富分化，还不利于社会稳定。通过税收手段，我们可以有效地缩小这种财富差距，使社会资源得到更加合理的分配。其次，税收作为一种财政手段，可以为国家提供稳定的财政收入来源。税收转化为国家资产后，可以用于支持科研、扩大再生产以及公共事业等领域的发展，这对于促进我国经济增长具有重要意义。最后，税收政策的调整可以促使企业更加注重社会责任，推动它们将部分利润用于技术研发、员工福利改善等方面，有助于提高企业的核心竞争力，实现可持续发展。另外，对于高能耗、高污染的企业，相关部门可以通过提高税收税率，引导它们转型调整；而对于新兴产业、创新型企业，可以给予税收优惠，鼓励它们发展壮大。这样既能实现经济增长，又能保护环境，实现绿色发展。

②稳定货币购买力。

在社会财富的分配过程中，就业是否充分这一指标在一定程度上体现了社会财富分配的公平性。社会财富分配越公平，就业会越充分，大众收入趋于稳定，大众消费能力就会进一步得到提升，社会购买力也会得到提升。购买力提升有利于生产力的增加，生产力的增加会促进劳动力需求的增加，劳动力需求增加会促进就业岗位数量的增加，进一步促进经济社会的良性循环。而这一良性循环的推动，通常需要通过货币来实现。于是，劳动者个体手中的货币数量，以及他们通过劳动所获的货币的购买力是否符合当下的社会经济形势，是我们需要思考的重点。

由于货币购买力涉及的影响因素众多，国家在政策层面无法对个别劳动者工资的涨幅进行干预，所以在一般情况下，如果实质工资的降低不出现极端情况，则不会受到抑制。因此，相关部门可以一方面将关注点放在实质工资总量分配的公正性上，主要讨论不同劳动团体之间的利益分配；另一方面，尽量保持货币购买力稳定，降低货币贬值的风险，从而达到稳定物价、保障劳动者实质工资收入的目的。

③妥善处理非自愿性失业。

谈到充分就业，就不得不说到非自愿性失业这一概念，两者之间有直接关联。比如在某一地区或国家如果完全消除了非自愿性失业现象，我们就称之为充分就业。当然这是一种理想状态，是仅在理论上成立的一种状态。在实际生活中，我们如果想要努力达到这种状态，还需要考虑更多更微观的因素。

首先，货币工资与工资物品价格的变化会影响非自愿性失业。在假设货币工资保持不变的情况下，如果工资物品的价格上升，那么劳动力的总需求量和总供给量都会相应增加。在这种情况下，就业量也会增加，从而会进一步促进国内充分就业的程度。

其次，就业量、实质工资率和边际产出会影响非自愿性失业。在假设组织结构、设备配置和技术条件保持不变的条件下，如果增加就业量，那么个体劳动者的实质工资率就会下降，工资物品行业的边际产出也必然减少。最后，劳动者在权衡各种因素后，可能会选择接受较低的工资，这或许能解一时之困，但却不是一个可持续的好方法。

凯恩斯对此也有相似的表述："工资物品的劳动力边际生产力随就业量（N 值）的增加而递减，其中劳动力边际生产力还决定着实质工资。当实质工资降低到与劳动力的边际负效用相等时，N 值就达到其最大值。……而且，社会越富有，其实际产量与可能产量之间的差别就越大，因而经济体制的弱点就暴露得更明显，甚至令人感到愤慨。对于一个贫穷的社会来说，其产品的大部分都用于消费，因而只要有少量的投资就可以造成充分的就业。"①

因此，解决非自愿性失业问题需要从改善市场条件和调整个人认知两个方面入手，以促进劳动力市场的供需匹配和个人就业机会的增加，而不是单纯地让失业者被迫接受与其边际生产力不相符的工资水平。

通过对本小节内容的梳理，我们能够清晰地看到，现今国内劳动者工资涨落主要受三个方面的因素制约：一是劳动力资源的供求关系；二是劳动工资所购买的商品价格的变化；三是劳动者创造出的新产品，以及产品带来的新价值。

① 约翰·梅纳德·凯恩斯：《就业、利息和货币通论》，宋韵声译，华夏出版社，2005，第 23—24 页。

随着社会的不断进步，工资的作用已经发生了深刻的变化，各方对它的关注也不再仅仅局限于传统经济学家所定义的范畴，而是更多地将关注点放在了劳动者能否通过劳动获取相应的劳动收入，且这份劳动收入的购买力是否能够满足劳动者及其家人达到社会平均的生活质量上。劳动者不仅需要从工资中察觉出市场供需的变化，也需要从工资中感受到自身劳动价值的变化。在发达国家和地区，这一点尤为突出。

李嘉图也曾提到："劳动力的市场价格是按供求比例的自然作用于实际支付的价格。劳动力稀缺时，价格昂贵；劳动力充足时，价格便宜。只有在劳动力的市场价格超过其自然价格时，劳动者才处于幸福状态，他才有能力获得更多的生活必需品和享受品，才能供养一个健康并且人丁兴旺的家庭。……资本是国家财富中用于生产的部分，其中包括实现劳动所必需的食物、衣服、工具、原材料和机器等。"①

若从上述理论的角度进行分析，劳动力的市场价格要使劳动者能够通过劳动获取相应的劳动收入，且这份劳动收入的购买力能够使劳动者及其家人达到社会平均的生活质量。当市场商品价格（物价）上升时，生产商品的雇主就必须考虑增加工人的工资，哪怕是减少投资者（资本）在商品（财富）分配中的份额，也要保证劳动力资源在财富分配中所占的比例。

由于实际生活中工资调整并不总是及时发生，因此政府必须公开发布最低工资标准和全社会平均工资，以有效保障劳动者的合法权益。这不仅为雇主和劳动者在决定工资水平时提供了重要的参考依据，也

① 大卫·李嘉图：《政治经济学及赋税原理》，周洁译，华夏出版社，2005，第66页。

有助于维护社会公平与和谐。

三、劳动者权益保护与社会稳定问题

就业与社会经济的关系已经在前面讲了很多，现在我们来谈一谈就业和社会稳定的关系。可以简单地把就业与社会稳定的关系描述为：就业形势越好，社会就越稳定。其中的道理也很简单：一个人就业了，就有了收入，就有了支撑自己及家庭生活支出的财富，家庭也就稳定了。而家庭又是社会的细胞，社会中的绝大多数家庭稳定了，整个社会自然也就稳定了，社会的稳定又反作用于家庭的稳定。

回到就业问题。我们说帮助劳动者实现就业只是就业工作的第一步，第二步是要帮助劳动者稳定就业，第三步是帮助劳动者实现高质量就业。因此，稳定就业具有承上启下的重要作用。

什么条件下劳动者才能稳定就业？第一，劳动者掌握的知识和技能要能满足岗位的需求，岗位的工作环境要能满足劳动者的身体和心理需求。第二，劳动者的收入要达到某个标准。劳动者的收入要能养活自己及家人——当然，在当今社会，这样的要求似乎过于低了，应该说，劳动者的收入要能达到其最低心理期望值。第三，要为劳动者提供必要的权益保障，包括待遇、福利、教育、发展、安全等方面的权益保障。只有在各方面都获得充分保障时，劳动者才能安心工作。

客观来讲，目前我国的劳动者在合法权益、稳定就业上是有一定保障的，体现在以下几个方面：

第一，法律层面上的保障。《中华人民共和国宪法》《中华人民共和国劳动法》《中华人民共和国就业促进法》《中华人民共和国劳动争议调解仲裁法》《劳动保障监察条例》以及各级地方政府制定的规范性文件等形成了一整套保护劳动者权益的法律法规体系，为劳动者的就业保驾护航。

第二，改革开放以来，我国的经济得到了长足发展，有效地扩大了就业空间，为社会就业更加充分提供了保障。就业机会的增加降低了劳动者失业的概率，就业收入的提高使他们的就业更稳定。

第三，各级党委和政府都把促进就业放在经济发展更加突出的位置，持续发力加大对劳动密集型产业发展的支持力度，夯实公共就业服务体系，全面贯彻落实积极的就业政策，加大劳动者权益维护和劳动关系调处力度，为劳动者安心就业、稳定就业营造了良好的外部环境。

第四，社会保障体系不断完善，从制度上彻底解决了劳动者的后顾之忧。目前，各级各部门都在为“政策全覆盖、人群全参保、保障无死角”而努力，这既是对社会保障制度的完善，也是实现全社会共同富裕的目标要求。

保护劳动者权益就是保持稳定就业。就业问题解决了，社会稳定就有了坚实的基础，经济发展就有了保障，社会就会越来越富裕。

第四节　在经济社会发展大局中把握就业创业工作

一、从人力资源的数量上把握

自2019年起，全国经济增速放缓、新冠疫情等自然灾害的冲击、国际形势动荡诱发的能源危机（如俄乌战争）、国际贸易保护主义的抬头（如制裁和技术封锁）、历次世界金融危机的负效应，均从不同的角度和维度影响了我国的就业形势。整体来看，呈现出以下特点：

一是新增就业人数同比减少，但就业总人数依然增加。2021年全国劳动年龄人口达到顶峰，这是一个转折点，但并不等于人口刘易斯拐点，也不意味着就业供求关系发生逆转，更不意味着人口红利终结，因为我国的劳动力总量仍在小幅上升。专家预测，未来10年，随着城镇化的持续推进和农业现代化在更大范围内实现，我国还将有1.4亿农村富余劳动力需要转移就业。这将导致全国就业人数总量进一步增加，特别是第二、第三产业的从业人数增加。

二是在就业人数总量增加的同时，失业人数也在增加。不过，这并不会产生严重的影响，原因如下：第一，随着我国经济发展方式发生转变，我国的自主科技创新能力得到了进一步加强，经济规模继续扩大，生产部门对就业人口的吸纳能力继续增强。第二，随着我国由“制造大国”向“制造强国”转变，技能人才将有更多的择业空间和更加广阔的就业空间。第三，随着“一带一路”倡议在更广的范围内得到实施，更多的相关就业岗位将应运而生。第四，随着国家把就业摆在经济社会发展更加突出的位置，一系列积极就业政策相继落实，公共就业服务均等化持续发力，在很大程度上为保持就业局势稳定提供了支撑。

三是就业形势总体稳定，高校毕业生就业压力凸显。对于城镇失业人员，积极就业政策能够消化一部分，公益性岗位能够兜底解决一部分，最低生活保障能够帮助一部分；对于农村劳动力，一部分人选择向外转移就业，一部分人被当地经济发展所吸纳，还有一部分人选择自主创业、自谋职业。因此，目前全国社会人员就业总体情况良好。不过，高校毕业生的就业压力却进一步加大。在高校扩招的大环境之下，高等教育中存在的学生学非所用的问题十分突出，我国当前的经济发展水平和产业结构也难以提供更多适合高校毕业生就业的岗位。此外，受社会上一些思想导向的影响，很多高校毕业生将就业的视线投向机关事业单位的招考，或将就业目标投向发达地区和中心城市，以及国家垄断行业和大型企业。整体来看，当前高校毕业生的就业情况就像许多大城市的堵车情况一样，路太少太窄，而车流量又太大，出现拥堵是必然的。所以，目前必须采取“引、减、疏、扩”的综合手段来缓解“堵车”，解决高校毕业生的就业难题。具体而言，可以在中学阶段，把一部分初高中毕业生引向职业技术教育领域；在高等教育阶段，增加三本、二本高校的技能教育培训，强制推行“双证制”；鼓励高校毕业生到基层、老少边穷地区就业；通过发展经济、调整产业结构，扩大适合高校毕业生就业的空间；引导和鼓励高校毕业生自主创业、自谋职业。

二、从经济发展的趋势上把握

一是经济增速放缓给扩大就业增加了不确定因素。近几年我国经济增速明显放缓，经济下行压力加大——从 2003 年到 2011 年，GDP 年增速一直在 10% 左右，2015 年这一数值降到只有 7%，2022 年全国经济工作会议提出的目标是达到 5.5%。经济增速的放慢必然会对就业总量产生影响。

二是城镇化的推进给拓展就业空间留下了余地。随着城镇化率不断提升，城市经济、区域经济、小城镇经济都将得到长足发展，城乡就业的空间得到了有效拓展，农村劳动力的就业质量也得到了进一步提升——劳动收入提高、技术含量提高、就业环境改善、各项保障完善。不过，我们不能把城镇化简单地看成农村居民转变户籍或是居住到城镇，最关键、最重要的是要保障农村居民变成城镇居民后有就业岗位，这关系到他们的生存，也关系到社会的稳定。

三是要防止某些领域产生的经济泡沫对就业产生的负面影响。经济发展是有其自身的内在规律的，如果违背了这一规律，将会受到惩罚。

改革开放后，中国经济实现了高速增长，但我们在看到成绩的同时，也要看到问题。多年以来，许多地方的 GDP 增长是靠投资拉动的，其中固定资产投资的占比超过 50%，而固定资产投资中房地产投资又占了大头。究其原因，主要有三个：一是许多地方的财政是“土地财政”，地方政府靠卖地获得财政资金，地方政府成就了房地产业的繁荣。二是金融业对房地产业的盲目支持。三是人们富裕起来后，手头有了一部分闲钱，产生了强烈的投资意愿。由于普遍认为购房既是改善居住条件和环境的需要，又是保值增值的最佳途径，于是全民都热衷于购房、炒房。在三种因素的共同作用下，中国的房地产业产生了泡沫，且泡沫变得越来越大。

房地产业泡沫形成的核心原因是房子的价格严重偏离了其价值，

而房子的价格和价值产生背离的背后原因是房地产商和“炒房团”的炒作。在一轮又一轮的“炒房”热潮中，大量的财富流入了房地产商和资本操控者的腰包，而相当一部分的中产阶级，奋斗一辈子也仅仅能收获一套房子，更多的普通年轻人如果没有父母的支持，那么就只能“望房兴叹”。一旦房地产业的泡沫破灭，房地产包括上下游在内的整个产业链的企业都将陷入困境，放缓运行，导致产业链上的从业人员大量失业。这是务必引起人们高度重视的问题。

四是第三产业的发展任重而道远。第三产业的发展靠什么？一是靠政策，即要有大力发展第三产业的政策支持。二是靠基础。基础包括自然基础、人文基础和经济基础。自然基础是大自然赋予的，如桂林的山水、新疆的沙漠、内蒙古的大草原等。人文基础是历史遗留下的，如各地的习俗、特色文化等。经济基础就不用多说了。三是靠大环境。第三产业得到发展的前提是第一、第二产业发展达到了一定的水平，如果第一、第二产业发展得不充分，经济大环境不好，人们（劳动力）的生产没有形成剩余价值，收入用于消费后没有剩余，那么就不可能有闲钱去享受服务。只有当人们享受服务的消费在整个消费支出中占据一定比例时，第三产业才具备发展的基础。

五是农业产业结构调整将成为就业工作的重要抓手。农村富余劳动力的就业出路有三条：劳务输出转移就业、就近转移就业、就地转移就业。就近转移就业和就地转移就业最有效的办法就是“靠山吃山、靠水吃水”，紧紧依托农业产业结构调整，围绕农村资源做文章，大力发展种植业、养殖业、特色农业、乡村旅游业和与之相适应相配套的临近产业，以延伸产业链，提升附加值。同时以创业带动就业，有效实现农村富余劳动力和返乡农民工的就近、就地转移就业。

六是创新创业对就业具有巨大的带动作用。创业是创业者及其合伙人对所拥有的资源进行优化整合，创造出新的产品，从而获取更大的经济利益及实现更多的自我价值的过程，是社会中最活跃的经济活动之一。创业模式大致可分为三类：复制型创业、模仿型创业和创新型创业。前两类是“站在别人的肩膀上往上爬”，风险相对较小，但也很难取得大的成就；第三类难度较高，风险也大，但更容易取得突破。创新型创业又可分为技术驱动型创业和创意驱动型创业，但无论哪一种，都是以创新实践为基础的。

创业会自然拉动就业——创业者自己实现了自谋职业；公司需要雇佣劳动力；创业活动带动上下游的产业链，扩大就业范围。

三、从就业的结构性矛盾上把握

（一）“用工荒”真的来了吗

当前全国的就业形势总体是：我国就业总量压力仍然很大，结构性矛盾日益突出，就业形势依然严峻，保持就业局势稳定的任务依然艰巨。尽管世界和国内经济前景尚不明朗，但很多地方在春节前后却出现了所谓的“用工荒”。无工可用谓之“荒”，然而实际上劳动力资源还远远未到枯竭的程度，即使是按国家统计局发布的人口数据，全国 15 岁到 59 岁的人口仍有 9 亿左右，只是劳动力增量出现了减少。因此，把目前的就业现状定位在“招工难”和“就业难”并存是比较合理的，“难”就难在不是劳动力资源不足，而是不能客观有效地配置，即结构性矛盾突出。只要方法得当、工作到位，是完全可以缓解甚至解决这一矛盾的。

（二）“招工难”背后的原因

客观地说，我国各省的劳动力资源都十分丰富，为什么还是会出现“招工难”的现象？“招工难”的成因为何？主要有以下原因：

一是配置性缺工（又称结构性缺工）。这是因求职需求、求职者技能与用工需求不匹配以及由区域差异、时间差异等因素造成的。

二是流动性缺工。从产业属性来看，第三产业的员工和建筑安装企业的员工流动性较大，年度流动率超30%；从用人单位的性质来看，非公企业尤其是私营企业、个体工商户的员工流动性较大；从就业岗位来看，技术含量低和辅助性岗位的人员流动性较大；从就业人群来看，农民工的流动性较大；从就业时间来看，春节前后人员的流动性较大。

三是观望性缺工。随着劳动者的文化程度和综合素质不断提升，劳动者与用人单位更容易在劳动报酬上产生博弈，当博弈结果不符合劳动者的期待时，他们宁愿选择等待、观望而非降低期待。这种情况在农民工这一群体中表现得尤为明显。一方面，农民工正逐渐成为产业工人队伍的生力军；另一方面，他们的整体素质随着经济社会的发展而得到了提高，可以说是从“农民工”进化成了“民技工”，并且追求“体面劳动”的愿望要比过去强烈得多。从“吃饱饭”到“要体面”，农民工就业目的已从单纯追求收入逐步向追求“体面劳动”转变。在求职过程中，他们将职业健康、技能培训、劳动保护、文化生活等要素都纳入了考虑范围。同时，从“付工资”到“找身份”，农民工除了追求工资、保障外，还追求融入用人单位、城市、产业大军，他们不希望与用人单位之间仅仅是一种简单的劳资关系，而是希望真真正正地变成“单位人”，享有单位正式职工的待遇，享受到城市为职工提供的福利。

四是浪费性缺工。我国劳动力资源的浪费程度惊人，表现在以下几个方面：第一，我国的退休年龄偏低。世界上很多发达国家甚至发展中国家职工的平均退休年龄在64岁以上，而我国是男职工60岁、女职工50岁（女干部55岁）退休。考虑到提前退休的情况，我国职工的平均退休年龄约为56岁。如果以20岁作为参加工作的起点，那么国外职工的有效工作时间为44年，我国职工的有效工作时间为36年，人均有效工作时间仅为国外的81.8%。换言之，仅此一项，我国的劳动力资源在无形中就减少了18.2%。第二，劳动力市场存在年龄歧视和偏见的问题。在国外，飞机上的服务员多是“空嫂”，餐馆的服务员多是“大叔”“大嫂”，而在国内，这些岗位大多只招年轻人，这在很大程度上影响了劳动力资源的有效匹配。第三，用工单位在经营过程中因开展了大量的形式主义工作或执行了不成熟的项目，浪费了大量的人力。整体算下来，我国劳动力资源的浪费率估计不会低于25%。

（三）“就业难”背后的原因

“就业难”现象的出现，主要是因为求职者在认知上存在几个误区：

一是期望值过高的误区。自改革开放以来，我国平均工资的增长速度一直都低于经济发展的速度，原因是发展需要投入，而投入需要积累，企业如此，国家也是如此。此外，在很长的一段时间内，劳动力一直处于供大于求的状态，属于买方市场，劳动力价格的定价权在用人单位一方。随着物价指数不断上升，政府采取了干预措施，各地都不断调整最低工资标准，历年的“中央一号”文件也强调要提高惠农水平。但现实是广大劳动力收入期待值的增长速度远远超过了经济增长速度。2008 年金融危机爆发后，全球经济陷入衰退，作为“世界工厂”的中国同样未能幸免，东部经济发达地区的加工生产企业更是深受冲击，难以大幅提高员工待遇。此外，行业间收入差异的扩大化使求职者产生了只从事高收入行业的想法，对那些薪酬不算出众的岗位视而不见。希望选择一个能提供理想薪酬的岗位的想法本无可厚非，但在就业形势较为严峻的情况下，“就业”的优先性应在“择业”之上。这是每一位求职者都要慎重考虑的事情，特别是对于大中专毕业生和农民工来说。

二是“恐技症”的误区。一部分劳动者认为学习技能需要时间，会影响挣钱；一部分劳动者担心自己文化底子薄，学不会；一些学历较高的劳动者不屑于学习新技能，认为自己已经是人才。这些错误的想法导致了许多劳动力丧失了择业的机会。

三是“机会多”的误区。从理论上讲，用工信息和求职信息越多，匹配率越高，但现实是，人力资源信息平台上往往只有信息的输入，没有信息的自动退出（尽管平台方可能会阶段性地删除一些信息），这严重影响了人力资源市场招聘信息和求职信息的有效配置。对求职者来说，信息量过大会给他们带来“选择困难症”，容易出现“这山看着那山高”的心态，也就是期望值不断提升、过高估计自己的实力，最终在等待观望中错失良机。

四是“白领癖”的误区。高校扩招之后，每年都有大量的大学毕业生走进就业市场，其中相当多的一部分人只想做像电视剧里面那样的“白领工作”，既不愿去基层，也不愿意做技术工人，结果自然是就业困难。之前毕业的学生没消化，后面毕业的学生又挤上来，这势必会造成越来越严重的高校毕业生就业难的问题。

四、从扎实推进就业服务上把握

一是要加强统计监测。各级党委、政府要高度重视、真心关注就业工作，充分发挥基层就业服务平台、就业服务信息网络平台和新一轮积极就业政策平台三个平台的作用。

二是要加强政策研究。要清清楚楚掌握劳动力资源的变化趋势，要实事求是地把握当地的经济社会发展趋势，要客观动态地了解世界和全国的经济形势变化趋势。只有这样，才能真正把握就业工作的脉搏，因势利导，提出切实可行的对策和建议。

三是要真抓实干。就业是民生之本，就业工作一定要让人民群众得实惠，一定要“以真抓出真招，以真干见真效”，坚持“少做锦上添花的事，多干雪中送炭的活”。

第五章　社会财富的合理分配与共同富裕研究

第一节　初次分配讲效率

改革开放以后，我国经济逐步进入了市场经济时期，人们的主观能动性得到了充分发挥，经济增长速度空前加快，财富总量不断增加，综合国力不断提高。但财富分配公平缺失的问题也随之出现，导致了居民收入差距过大。这种差距主要存在于城乡之间、地区之间以及行业之间。中央党校的教授赵振华认为，收入差距过大的实质是分配不公。财富得不到合理分配，不仅会导致贫富差距扩大，还有可能导致社会不安定甚至出现动荡。

社会资源、社会财富在国民中分配不均，具体表现为劳资关系中资强劳弱、农民工与城市文明相对隔离、一些地方国有企业缺乏收入分配的激励约束机制、垄断行业职工收入过高等。

财富分配问题极其复杂，政府需要通过宏观调控来进行解决。只有建立健全社会保障制度，完善财政、税收、就业等一系列政策制度，才能对财富的分配进行有效调节，促进社会财富的合理分配。

我们可以用“分蛋糕”来比喻财富分配，虽然“蛋糕”是否分得公平十分重要，但实际上，有没有“蛋糕”分更为重要。人们普遍“不患寡而患不公”，但对于领导者和决策者来说，在把“蛋糕”分得公平之外，还有更重要的事要做，那就是要去生产“蛋糕”，因为没有“蛋糕”的话，就没“蛋糕”可分。对一个国家来说，首先要最大限度地增加社会财富，让人们有东西可分，如果社会财富都没有，还谈什么公平不公平？所以，改革开放初期邓小平同志提出“要让一部分人先富起来”“先富带动后富”，目的就是鼓励大家一起来做“蛋糕”。一开始，我们只做出一个“小蛋糕”，里面的材料可能不够丰富，为了满足人们的需求，我们继续做更大、更好吃的“蛋糕”。当“蛋糕”足够大时，我们就开始考虑共同富裕的问题了。

“做蛋糕”要讲究效率，“分蛋糕”要讲究公平，效率和公平要两者兼顾，不可既没效率又失公平。人们最不能容忍的社会现象之一是“造原子弹的不如卖茶叶蛋的，拿手术刀的不如玩剃头刀的”，这样的现象对国家的发展和民族的振兴来说可谓是有百害而无一利。现在的中小学生中有一种不良思想风潮：厌学和追星。他们不想当科学家，更不想当工人、农民，而是想去当“网红”和明星，因为“网红”和明星挣钱多、挣钱快。这种思想对社会的负面影响也是极大的，因为大多数“网红”、明星就是社会分配不公的得利者，“后继有人”并不是什么好事。

厉以宁曾表示，多年以来，我国的劳动收入在国民收入中所占的比重是不断下降的。要改变这种状况，就需要改变国民收入分配格局，通过三次分配来着手解决。

通过市场进行的收入分配被称为“第一次分配”，也叫初次分配；通过政府调节手段进行的收入分配被称为“第二次分配”；个人出于自愿，在习惯与道德的影响下把可支配收入的一部分或大部分捐赠出去，称为“第三次分配”。

厉以宁认为，在第一次分配中，可以通过三个途径来调整收入分配：第一，提高最低工资标准。因为物价一直在上涨，最低工资标准不提高的话，自然无法提高劳动收入水平，劳动收入占国民收入的比例也就自然下降了。第二，农产品价格要逐步提高。在农村，种粮食是最不挣钱的，只会种粮食的人大多是比较穷的，所以要逐步提高农产品的价格。第三，要大力创办农村专业合作社，推进农业产业化，让农民从延伸的产业链条中得到更多实惠。

第二次分配中，有三个改变现状的着力点：第一，加强对贫困地区和贫困人口的救济。政府要加大对贫困地区的政策扶持力度，出台有利于缩小贫困地区与发达地区收入差距的政策措施，根据各地区的不同情况实施不同的扶贫项目。第二，利用税收进行调节。个人所得税起征点要提高，不仅要提高起征点，还要视纳税人的家庭收入、家庭负担酌情减税或给予退税。第三，把遗产税、房产税提上讨论的日程，这是第二次分配中需要着重解决的问题。

关于第三次分配，厉以宁表示，那些用于公益事业的捐赠应该免税，鼓励更多的人把自己的财产投入公益事业。

财富分配不均的问题不仅困扰着中国，同样困扰着世界其他国家。“这个问题在东方和西方都是存在的。在西欧和美国，社会前 10% 的人掌握了 60% 左右的资产，这是 2000 年的数据。2014 年的时候这个数字增长到了 70% 到 75%。”皮凯蒂说。他认为，财富分配不均对富豪以外的人来说不是一件好事情：“有很多人相信，正是由于收入不平等导致大家的收入停滞，导致金融系统更为脆弱。”皮凯蒂还为解决财富分配不均开出了药方：在全球范围内对富人扣掉负债以后的资产扣累进税，累进税率最高可达 80%，越富有的人征税越多。他认为，向富人征收“重税”并重新分配财富，缩小贫富差距，是为了让社会更加平等。皮凯蒂认为历史数据足以证明向富人征收重税是可行的，对经济不会产生损害：“在 1930 年到 1980 年，美国对年收入超过 100

万美元的高收入群体征收 82% 的所得税，这种做法持续了半个世纪，这没有遏制美国经济的增长，相反，美国经济在 1950 年到 1980 年期间的增长速度超过了现在。”

作为前法国总统奥朗德的经济顾问，皮凯蒂的解决思路也在奥朗德的执政纲领中得以体现：2013 年，奥朗德宣布开征“富人税”，对高收入人群实施高达 75% 的累进税率。这一法案在法国引起轩然大波，引发一股“富翁移民潮”，其中法国首富、全球最大奢侈品集团路易斯威登的老板贝尔纳德·阿尔诺移居比利时，法国著名影星、“大鼻子情圣”杰拉尔·德帕迪约移民俄罗斯。

社会需要发展，发展是第一要务。社会同样需要公平，公平是社会发展的基础。我们既要调节贫富差距，也要反对平均主义，那样只会导致普遍贫穷，我们追求的是一个既充满生机和凝聚力，又能实现共同富裕的社会。

一、提高发展的平衡性、协调性、包容性

社会财富的极大丰富是人们生活幸福的基础，但财富不可能从天而降，而是需要人们付出辛勤劳动，用智慧和力量去创造。要创造更多的社会财富，必须从三个方面努力：

一是要促进人的全面发展。经济社会要发展，既要有活力，又要有合力。贫穷不是社会主义，但社会分配不公平也不是社会主义。我们要从制度上防止社会阶层固化，保证所有的社会成员都享有公平参与社会财富分配的机会，这不仅体现在劳动报酬上，还体现在发展机会和社会公共资源的占有上。只有这样，才能使他们迸发出就业、创业和创新的活力，创造更多的社会财富。

二是要完善城乡融合发展的体制机制。长期存在的二元社会结构客观上对拉大城乡差距起了巨大作用。改革开放以后特别是党的十八大以来，政府坚持实施“以城带乡、以工促农、反哺农业”的政策，通过“中央一号”文件对促进农业、农村、农民发展持续发力，把巩固拓展脱贫攻坚成果与全面推进乡村振兴相衔接，不断推动农民增收致富。同时进一步加大对农村基础设施和公共服务体系建设的投入，大力实施新型城镇化战略，逐步实现农村城镇化、农民市民化、公共服务一体化。

三是完善区域协调发展的机制体制。如果一国内不同地区的经济发展不平衡、不协调，那就像一艘货物装载不平衡的船，不仅开不快，还有翻船的危险。国家是一个整体，只有各地区均衡发展、技术互补、资源共享、发展共进，才不会有“拖后腿”的现象出现。中央提出的“西部大开发”战略、“东西部合作”战略，目的就是要实现全国经济均衡、协调地发展。

四是营造公平竞争的环境，支撑行业协调发展。行业垄断在特定的历史时期内可能有推动经济发展的作用，但从长远来看，势必会影响市场的公平竞争，阻碍经济的全面发展。因此，鼓励、支持和引导企业公平竞争，创建良好的市场与行业环境十分重要。

二、提高居民收入和劳动报酬水平

要实现居民收入增长与经济增长大体同步，劳动报酬的提高与劳动生产率的提高应大致相当。为此，要构建一个能够体现效率、促进公平的收入分配体系。要想实现这一目标，就必须从以下方面着手：

一是要通过扩大就业来增加居民收入。政府在发展经济的过程中，要着力拓展服务业、中小微企业、劳动密集型企业、知识和技术密集型企业的就业空间，提供尽可能多的就业岗位，实现更加充分的社会就业，使劳动者有收入来源。

二是要通过提升劳动者素质来增加居民收入。各级政府要贯彻实施好积极就业政策，为劳动者提供终身培训，切实提高劳动者的综合素质和专业技能水平，增强劳动者在市场就业中的竞争能力和议价资本，使劳动者的就业质量得到提高，收入得到提高。

三是要积极研究经济发展过程中出现的新业态，探索新就业形态，支持劳动者自主创业、自谋职业。要看到创业者对经济社会发展的贡献，同时也应关注他们的创业风险，要制定和完善相关政策，保障他们的合法权益。

四是要高度关注高校毕业生、农民工等就业困难群体。他们是社会的弱势群体，他们的失业风险较高，需要各级政府、各部门的关心和支持。

五是要切实提高劳动报酬在初次分配中的比重。要着力在政策制度的拟定上下功夫，同时完善工资分配和增长机制以及工资支付保障机制，充分体现“多劳多得”的分配原则。

此外，要健全最低工资标准调增机制，完善农民工欠薪长效机制，从根本上解决“老账未清，新账又出”的问题；要不断健全国有企业市场化薪酬分配机制和科技创新薪酬分配激励机制；落实好公务员工资正常调增机制。

三、进一步扩大中等收入群体规模

各国的社会学家、经济学家普遍认同“扩大中等收入群体规模有利于社会稳定”的说法。在他们看来，在经济社会发展到一定阶段之后，要限制富有阶层的人数，减少贫困阶层的人数，扩大中产阶层的人数，使社会人群呈富人和穷人少、中产多的橄榄形分布。虽然“中等收入群体”与“中产阶级”不能简单地画等号，但它们确实有许多共同之处。

我国在扩大中等收入群体规模方面主要有四条途径：

一是让高校毕业生成为中等收入群体的组成部分。要在教育质量上下功夫，切实解决高校学生学非所用和动手能力差的问题。待他们毕业走入社会经过一番历练后，完全有希望发挥个人的社会效能，获得较可观的收入，成为中等收入群体。

二是让技术工人成为中等收入群体的组成部分。如今，“技行天下”已成为家喻户晓的一句口号。作为“世界工厂”的中国，正从制造大国向制造强国迈进，这个过程需要大量的熟练技术工人作为支撑。我们要加大技能人才的培养力度，提高技能工人的工资待遇，建强技术工人队伍，提升技术工人的整体收入。

三是让中小微企业主和个体工商户从业者成为中等收入群体的组成部分。中小微企业主和个体工商户从业者有强烈的创业致富愿望，要坚持在舆论上引导他们、在政策上支持他们、在行动上鼓励他们、在情绪上激发他们，让他们在宽松的营商环境中试错，在稳定的营商环境中成长。

四是让进城农民工成为中等收入群体的组成部分。现在的农民工不再表现出第一代和第二代农民工年龄偏大、文化偏低、技能偏缺的特点。当代农民工中不乏既年轻又有文化、有技术、懂管理的年轻人，他们是城市产业工人的生力军。如果能为他们解决好户籍、住房、教育、医疗、社保等问题，让他们融入城市，那么凭借他们的吃苦耐劳精神，进入中等收入群体并不是什么难事。

四、完善按要素分配财富的政策制度

初次分配具有复杂性。无论在什么样的社会体制下，财富的分配形式和各要素之间的分配比例总是会受到社会制度的深刻影响。在不同的社会制度下，财富分配总是会朝不同的群体进行倾斜，这是毋庸置疑的。我国正处于社会主义的初级阶段，所有制结构相对比较复杂，既要坚持以公有制经济为主体，又要兼顾多种所有制经济的共同发展，但无论企业的性质如何，都要把生产所得的一部分以税金形式上缴国库，一部分以基金形式留给企业，一部分以工资形式发放给员工。要想做到国家利益和企业利益兼顾，同时又能调动劳动者参与生产的积极性，让各要素充分发挥自身作用，就必须考虑让一部分人先富起来，起到带头致富的引领作用，带领其他人走向共同富裕。

衡量初次分配是否公平的一个关键指标是分配率，也就是劳动报酬总额占 GDP 的比重。我们要特别注意国有资产收益与职工个人收入之间的平衡关系，要充分考虑行业之间的差异和不同体制企业之间的差异，要不断提升低收入人群在经济发展过程中的收入增长速度，用好分配率这把“尺子”。

在各要素的分配比例问题上，要做到三点：一是要坚持按劳分配的原则，放手让劳动、知识、技术、管理、资本的作用都得到充分发挥，最大限度地创造社会财富。二是要促进就业机会公平，建立公平合理、无差别的公共就业服务体系，全面提升劳动者的综合素质，提高劳动者在就业市场中的竞争力，增强劳动者获得收入的能力。三是要健全和完善国有资本和社会公共资源收益的分配机制，要充分考虑社会资源的全民性，合理分配由社会资源带来的社会财富，缩小区域差异、城乡差异、行业差异和利益群体之间的差异，真正体现社会公平。

分配合理不是搞“大锅饭”。吃“大锅饭”的社会没有财富和资本的积累，也就罕有投资，结果是生产难以为继、商品匮乏、市场萎缩、社会动荡，这绝不是人们追求的公平社会。公平社会应该建立在商品极大丰富、生产和再生产良性循环的基础之上。在公平社会中，各生产要素拥有合理的分配比例，人们的生产积极性高涨，社会关系和谐，社会秩序稳定，经济平稳增长，劳动者安居乐业，投资者财富稳定增长并不断回馈社会。

第二节　第二次分配强保障

一、不断完善税收调节机制

税收具有强制性、无偿性和固定性的特征，是有效缩小收入差距、调节社会财富的分配的主要举措，所以，我们要运用好这一手段，服务经济社会的健康发展。

建立一套合理的、能与经济发展相协调的、可持续的税收制度，是实现公平、正义，维持社会稳定的重要举措。

在初次分配环节，税收可通过流转税（包括增值税、消费税、营业税、关税等）对经济进行调节。流转税是对市场活动进行的直接征税，指以纳税人商品生产、流通环节的流转额或者数量以及非商品交易的营业额为征税对象的一类税收。目前经济学界的大部分学者都认为流转税在初次分配中发挥中性作用。其中的消费税通过调节消费品价格来调节消费者的收入，一个典型例子是对奢侈品实行高税率，从而调节高消费人群的收入。第二次分配是对初次分配的补充。在第二次分配环节，应该积极发挥所得税、财产税等税种的作用。所得税是对所有以所得额为课税对象的税收，它对财富的流量具有调节作用。其中，个人所得税税率会随着个人收入的增加而增加，以减少高低收入者之间的收入差距，企业所得税则能够缩小普通劳动者和资本收入者之间的收入差距。财产税是以纳税人所有或属其支配的财产为课税对象的一类税收，它能够对财富的存量进行调节，以防止财富过度集中。

我国在建设税收制度的过程中应当强化公平理念，建立健全有利于形成较为均衡的利益分配格局和体现公平正义的税收制度。正如中新网《两会热议：抓紧制定收入分配改革总方案》一文所说的，要“深化收入分配制度改革，抓紧制定收入分配体制改革总体方案，努力提高居民收入在国民收入分配中的比重，提高劳动报酬在初次分配中的比重。完善工资制度，建立工资正常增长机制，稳步提高最低工资标准。创造条件增加居民财产性收入。建立公共资源出让收益的全民共享机制。加大对高收入者的税收调节力度，严格规范国有企业、金融机构高管人员薪酬管理，扩大中等收入者比重，提高低收入者的收入，促进机会公平”。对于劳动者的收入，要规范收入分配秩序，有效保护合法收入，坚决取缔非法收入，尽快扭转收入差距扩大的趋势，根据国家经济运行情况采取有弹性的税收调节机制。

税收的调节作用是显而易见的，但是通过税收调节国民收入分配在实践中仍然存在许多问题，如税收制度滞后、税收征管手段落后、征管信息化水平低、税务代理业发展缓慢、社会化税收监控体系不完善等，尤为突出的是对高收入群体税收监管不力的问题。

要解决好这些问题，需不断完善税收体系，完善其运行机制和监督机制，形成法治、高效的税收征管体系，同时还需增强税务部门的服务能力，全面提高税务人员的综合素质。只有建立起科学合理的税收体系，才能使税收真正发挥其在调节收入分配、缩小贫富差距方面的独特作用。

照章纳税是国家法律赋予每个公民的义务，每个人都要依法依规缴纳税赋，以确保国家运转。

一切税赋在征收之前都要经过严格、科学的评估和论证，重点考虑以下几方面因素：一是能做到收支大体平衡，以收定支，略有积余。

二是征收税赋的过程中需要使用大量人员，这些人的薪俸也会消耗一部分税收。三是税赋可能对商业活动产生影响，使人们不愿意参与商业活动。四是要让那些逃税者受到严厉的惩罚。五是税赋要具有合理性，不可“杀鸡取卵”。

皮凯蒂说，腐败算得上是最不合情理的一种财富不平等，它使巨额财富源源不断地流入极少数人的手中。要消除腐败，必须建立一整套公共机制，使资本为整体社会利益服务，包括发展各种新型资产和新型治理方式，对收入和资产实行累进税制。

皮凯蒂认为，累进税制在公平社会里起三重作用：首先，它以最公平的方式为公共服务、社会保险和教育机构筹资，而社会经济的发展有赖于此。皮凯蒂说：“在扫除文盲和全民义务教育方面，中国比别的国家做得好。而普及中高等教育、提高教育质量、解决阶层分化以及富家子弟与寒门学子间日益扩大的教育机会不均等的现实问题，需要充足的公共资金投入。更广泛地说，中国的国家福利体制亟待建设。”其次，累进税制能缩小市场和私有财产制带来的贫富差距，特别是限制社会阶层顶端的收入及资产的过度集中。最后，累进税制可使收入和资产变得透明化、公开化，这也可能是累进税制最为重要的一重作用。

马克思曾经指出，“赋税是政府机关的经济基础”；恩格斯也指出，“为了维持这种公共权力，就需要公民缴纳费用——捐税”。这些都说明税收对于国家经济生活和社会文明的重要作用。税收进入财政体系后，其使用方向主要是满足社会的公共需要，向社会提供公共产品，其中包括维持政府的正常运转、为国家安全提供保障、为社会的公共设施建设（基础建设）提供资金、支持社会的公共服务项目等。

税收制度要符合四个原则：一是财政原则。税收要能成为财政收入的稳定来源，没有财政收入的保障，政府就无法运转，第二次分配就无从谈起。二是公平原则。纳税人承担与其经济状况相适应的税负，简单地说就是“穷人少纳税或不纳税，相同经济条件的纳税人承担等量的税收，富人多纳税”。三是效率原则。征税一方面要有利于资源的有效配置和利用，另一方面要能以最小的税收成本换取最大的税收收入。四是适度原则。在制定税收制度的过程中，既要考虑国家的财政支出需求，又要考虑纳税人的实际负担能力，还要充分考虑经济社会发展的需要和人民群众的生活保障需要。

二、不断完善社会保障体系

社会保障制度和税收制度都是调节收入分配的主要制度安排。在很多国家，社会保障制度对收入的调节作用远远超过了税收对收入的调节作用，因此，要高度重视并发挥好社会保障制度在收入再分配方面的作用。

部分欧洲国家奉行高福利的社会保障政策，采用的是“高税收、高支出、高福利”的福利模式，其社会保障体系已经较为完善，贫富差距不是很明显。在这些国家，低收入者可以享受政府提供的社会救济，同时，政府建设了大批民生工程，为普通民众的生活提供保障。但是，这种福利制度也存在弊端——它忽视了市场配置机制，加重了企业和社会的负担。另外，这种“养懒汉”的福利制度容易使劳动者不思进取。

我国社会保障领域的权威研究者郑功成在《论收入分配与社会保障》一文中指出：“解决好收入分配和社会保障这两大问题，不仅能够从根本上解决国民的基本民生问题，还能为国家长期稳定、健康、持续发展奠定坚实的基石。从目前来看，诸多社会问题的根源是收入分配差距过大，这与全体国民未能合理地分享到国家发展的成果有着直接或间接的关系，为此必须大力调节收入分配。由于社会保障是调节收入分配的综合性手段，因此，努力完善社会保障，不仅可以起到调节收入分配和保证国民合理分享国家发展成果的作用，从更长远的角度来看，还可以推动我们最终迈向福利社会。”正如前文所说，目前世界上很多国家尤其是高福利国家，社会保障制度对收入的调节作用远远超过了税收制度，因此，积极发挥社会保障制度对收入的调节作用，对于缩小国内的贫富差距具有重要意义。

一般来说，社会保障由社会保险、社会福利和社会救助构成。其中，社会保险是社会保障的核心内容。我国的社会保险目前主要是“五险一金”，即医疗保险、工伤保险、失业保险、生育保险和养老保险五个险种加上住房公积金。“五险一金”保障社会成员在生病、工伤、失业、生育和年老时能够获得一定的经济补偿以维持基本生活。社会保险的存在，既能够对社会财富进行再分配，缩小收入差距，又能避免社会的不安定因素被诱发。现阶段，我国正逐步推行将事业单位工作人员和公务员的养老金纳入社会保险的统筹范围，这有利于增加社会保险资金的来源，扩大社会保险资金的规模。

社会福利能够保证收入较低的弱势群体获得基本的公共服务。在我国，社会福利的概念较为狭窄，主要指民政部门代表国家为优抚群体、残疾人、孤寡老人、孤儿等提供服务保障。与社会保险不同，社会福利除了也从经济方面为弱势群体的生活提供保障外，还提供了各种类型的服务性保障。

社会救助主要是对遭受自然灾害的公民、失去劳动能力的公民或者因其他原因导致低收入的公民给予帮助，以维持他们的基本生活需求，经费来源主要是政府财政支出和社会捐赠。

社会保障制度是经济发展的“助推器”，是维护百姓生活的“保护网”，是维持社会秩序的“稳定器”。社会保障制度包含的内容贯穿了社会财富分配的全过程——通过社会保险的缴费来实现社会财富的初次分配，通过社会保险的给付以及社会救助、社会福利来实现对社会财富的再分配。

社会保障制度能够让全体人民共享改革发展的成果。要想让社会保障制度能够更好地发挥其调节收入分配的作用，必须按照立法规范制定相关的社会保障法律、法规和制度。要明确中央责任和地方责任，建立健全覆盖城乡居民的社会保障体系，解除人民群众生活的后顾之忧。

改革开放后，我国的社会保障制度建设速度加快，覆盖范围不断扩大，保障的资金水平不断提高。截至 2020 年底，我国参加城镇职工基本养老保险的人数达 45621.1 万人，参加城乡居民基本养老保险的人数达 54243.8 万人，即养老保险覆盖了 9.99 亿人；医疗保险覆盖了 13.61 亿人；工伤保险、失业保险、生育保险分别覆盖了 2.68 亿人、2.17 亿人和 2.36 亿人；全国统一的社会保障卡发放了 13.4 亿张，初步构建起了惠及全民的社会保障安全网。但在现阶段，我国的社会保障制度还存在一些问题，如制度“碎片化”问题、待遇确定机制不合理、管理及运行机制问题等。在“十四五”时期，政府应该着力解决好制度“碎片化”的问题，努力推进制度的整合统一；要不断提高统筹层次，建立合理机制，缩小不同群体间的待遇差距，推动各项社会保险制度上升到全国统筹的地位；要进一步加快社会保障法治建设，健全社保基金的监督管理机制，并通过切实有效的运营方式，实现社保基金的保值增值和管理的现代化；要优化财政支出结构，防止行政事业经费的铺张浪费；要开源节流，弥补社会保险经费出现的缺口，同时安排专项资金进行补贴。

社会保障制度改革的下一个目标是继续保持并增强社会保障制度的公平性及可持续性，逐步形成公平公正、科学完善的社会保障体系。西方发达国家较为成熟的社会保障体系为其经济繁荣、社会稳定提供了较为重要的基础。改革社会保障制度要从我国的国情出发，从国家的长远利益出发，可借鉴西方社会保障制度的建设经验，总的目标是要能促进经济全面发展和社会全面进步，更好地发挥调节社会财富分配的作用。

作为第二次分配的另一项重要内容，社会保障在社会生活中具有不可替代的作用。初次分配主要追求效率，第二次分配主要追求公平。公平可以通过税收来实现，也可以通过社会保障来实现。

我们也应该清醒地看到，事实上，我国的社会保障还存在一些问题：一是还没有达到真正意义上的全覆盖。二是不同人群的保障水平还存在明显的差距。如城镇职工养老保险和新型农村养老保险的缴费基数和缴费比例差距很大，养老金水平差距也很大；不同行业享受的国家政策不同，导致行业从业人员获得的保障水平存在明显的差异。不同居民获得的保障水平不一致，有可能拉大收入差距，特别是在退休待遇方面，这会对社会公平产生严重影响，需要认真研究并加以适当调整。三是存在地区不平衡现象。这主要是因为政策上存在地区差异，还没有真正实现“全国一盘棋”。从经济层面来看，虽然国家采取了中央转移支付手段，但也很难在短时间内实现各地的保障水平一致。要实现全国各地区保障水平达到相对平衡，还有相当长的路要走。

但社会保障作为第二次分配的重要手段，是必须坚持实施的，要不断完善社会保障制度，使社会财富的分配更加公平。

三、切实加大中央转移支付力度

中央转移支付是国家为了实现区域间各项社会经济事业的协调发展而采取的财政政策。由于各种主客观因素的影响，我国不同地区之间的经济社会发展呈不平衡的状态。众多的主客观因素中，既有历史的因素（如革命老区经济底子薄），也有现实的因素（如有的地方是特区）；既有区位的原因（如有的是沿海地区，有的是山区），也有政策的原因（如水源地有保护政策）；还有城乡差异、工业为支柱产业与农业为支柱产业的差异等。各种差异必然延伸影响到社会保障事业，因为每个地区都像一个家庭，家庭中柴米油盐酱醋茶的日常开销都是必不可少的。同样，各地区的生产部门、管理部门的运转也需要资金支持。经济发展好的地方财大气粗，社会保障水平自然高一些，经济落后的地方靠自身的力量想做好社会保障就有些"巧妇难为无米之炊"了。经济落后地区要想做好社会保障工作，维持地方社会稳定，促进地方社会事业发展，就必须借助中央的力量，即获得中央转移支付的支持。中央转移支付一方面是实现地区之间均衡发展的需要，另一方面也是让国民共享经济社会发展成果的需要。

相关部门公布的数据显示，2022 年，我国中央转移支付的规模接近 9.8 万亿元，比 2021 年增加了大约 1.5 万亿元。

中央转移支付要想取得实效，必须做到"三个优化"：一是优化制度设计。俗话说得好，"好钢要用在刀刃上"，为了确保中央转移支付能起实效，必须从制度建设着手，加强顶层设计，精准发力。二是要优化转移主体结构。要界定清楚中央和地方的事权和财权，稳定提高一般性转移支付所占的比重，深入研究目前已有的六种转移支付方式，即税收返还、原体制补助、专项补助、过渡期转移支付补助、各项结算补助和其他补助，使其充分发挥杠杆效应，最大限度地推动地方经济和社会事业健康发展。三是优化转移支付管理。转移支付资金绝不能“一拨了之”，否则容易形成“会哭的孩子有奶吃”的现象，谁向上级要得紧、喊得凶，谁就可以拿到更多的资金。不仅要管拨付得对不对，还要看拨付资金用得好不好。所谓“用得好”，就是转移资金的使用要安全、能见效（通过绩效评估），符合使用制度和使用规范。

四、进一步规范收入分配秩序

经济社会发展到一定阶段后，要适时调整、规范收入分配秩序。规范收入分配秩序，目的是消除社会财富分配不公的现象，防止社会的两极分化进一步加剧，实现真正意义上的共同富裕，推动经济社会健康发展。为此，必须从规范财富积累机制这个根本上着手。

第一，要保护人民的合法收入。我国的经济总量虽然已经跃居世界第二，但人均 GDP 还比较低。2021 年我国的人均 GDP 仅为 12556.3 美元，在全世界排名第 75 位。人们谋发展的信心和积极性不能被挫伤，要坚持按生产要素进行分配的原则，保护居民的财产安全，保护物质产权和知识产权，激发人们的创造力和创造性，保护并调动企业家、投资者的积极性，扩大生产，做大“蛋糕”，使社会财富和个人财富同步提升。

第二，要调节过高收入。许多人是在政策允许的范围内靠诚实劳动和辛勤劳动获得了原始财富积累，赚到了“第一桶金”。但我们也应该看到，有一些先富、暴富的人之所以拥有大量财富，靠的是钻政策空子，或是靠游走于市场的灰色地带，又或是靠垄断经营、偷税漏税、非法集资、非法放贷等。因此，要加强反垄断和反不正当竞争工作，规范和加强对资本所得的管理，加大对征收个人所得税、消费税、财产税的执法力度，调节高收入者的收入。要全面限制不合理收入，彻底治理收入分配乱象，让行业、地区、城乡收入的差距逐步回归正常。

第三，要坚决取缔非法收入。中国有句古话叫“君子爱财，取之有道”，但现实中，有些人为了掠取财富不择手段，违法、违纪、违规无所不为。因此，必须坚决遏制权钱交易，坚决打击内幕交易、操纵股市、财务造假、偷税漏税等非法行为。

规范收入分配秩序是一项长期而艰巨的工作，要有打持久战的思想准备。

第三节　第三次分配重补充

第三次分配是指一部分人在道德力量的推动下，通过个人自愿捐赠的方式而进行的分配，我们可以简单地理解为是做公益、做慈善。第三次分配方式最早是由我国著名经济学家厉以宁教授在其出版的《股份制与现代市场经济》一书中提出的。

第三次分配不是制度的强制约束，而是公民对参与帮助弱者的渴望和完善自身道德的内在要求。第三次分配的实现情况与社会经济发展水平、文化发展水平成正比。在社会总体收入水平和社会文明程度比较低的阶段，第三次分配更多是一种分散的、短期的、自发的个体行为，用以分配的财富数量很少。当社会总体收入水平和社会文明程度进入比较高的阶段之后，第三次分配才能够发挥更大的作用。

指望第三次分配能够大幅度缩小贫富差距并不现实，但应该看到第三次分配对于缩小贫富差距具有很重要的作用。

一、支持和引导社会力量参与公益慈善事业

政府要积极促进第三次分配即公益慈善事业的发展。在许多国家，公益慈善事业不仅弥补了社会保障制度存在的漏洞，同时还具备调和社会矛盾和社会冲突、提升公众社会责任与社会公德、促进互助友爱、提升文明道德水平的功能。无论是从完善我国多层次社会保障体系的角度来看还是从构建和谐社会的角度来看，公益慈善事业都值得大力发展，因为公益慈善事业可以促进物质文明与精神文明的有机结合，

塑造与和谐社会相适应的积极向上的道德标准。

一位受人敬佩的企业家认为，如果优秀的学生因为付不起学费而上不了最好的大学，放弃学业，那将是社会最大的损失，所以他捐赠资金去帮助那些考上重点大学的贫困学生。

还有一位企业家认为很多孩子患有先天性心脏病是人生的不公平，因此他决定要帮助他们，给他们公平的机会去参与人生的竞争。最终，他为近 5 万个孩子的心脏病手术提供了捐助。

世界上许多著名的商业人士，他们最后最响亮的名头其实是“大慈善家”——比尔·盖茨把毕生财富投入梅琳达·盖茨基金会，帮助第三世界国家解决贫困问题、教育问题、医疗问题，而股神巴菲特则把钱捐给了比尔·盖茨。

洛克菲勒是 19 世纪美国的“石油大王”，是成功的商人，也是一位慈善家。他曾说过：“我一直财源滚滚，如有天助，因为上帝知道我会把钱返还给社会的。”他把钱返还给社会的方式就是做慈善。那他是直接给钱吗？不是。他还说过：“我不会随便给人一点点好处，除非我能完全确定这是我花这笔钱的最好的方式。”什么是他认为的最好方式？那就是能看到成果的、有效率的方式，最好这种方式还能带动其他人。他把目光锁定在自己擅长的教育和医疗领域，捐助了芝加哥大学，成立了洛克菲勒医学研究所，这个研究所也就是洛克菲勒大学的前身。洛克菲勒从商业部门的初次分配里获得了巨大的财富，然后他通过公益事业对财富进行了第三次分配。

对普通人来说，捐赠可能是最容易实现的做公益慈善的方式，我们也可以有选择性地把钱捐给那些能善用资源、会有效“花钱”的机构，为有需要的人提供帮助。

政府应大力倡导、积极引导公益慈善事业，让它成为第一次分配和第二次分配的有效补充。

二、积极探索公益慈善活动的有效实现形式

随着经济社会的发展，公益慈善事业也进入了新时代，具体表现在三个方面：一是内容发生了变化，从过去单一的物质救助向社会救助与社会治理相结合转变。二是募集方式发生了变化，从单一的线下募集向线下募集和网上众筹相结合转变。三是主体发生了变化，从精英向大众转变。

推动公益慈善事业发展，要从现代公益慈善组织制度建设入手，构建公益慈善捐赠主平台，加强志愿者注册、服务、激励、保险保障等方面的制度建设。

在新形势下，要积极探索新的公益慈善模式，特别是金融助力公益慈善的方式。在有条件的地方设立公益慈善信托基金，充分利用数字网络快捷便利的优势，培育和完善互联网公益慈善平台，为更广泛、更便捷地推广公益慈善事业创造条件。

三、完善公益慈善事业的政策法规体系

公益慈善事业的健康发展离不开系统完善的制度环境，需要用制度来保护公益慈善事业参与者的权益，规范各类公益慈善活动。无论是想促进公益慈善事业发展，还是想使公益慈善事业的功能作用得到更好发挥，都需要通过公益慈善体制机制的创新、政策制度的完善来实现。要通过完善激励政策来释放公益慈善事业的潜能，通过降低准入门槛来拓宽公益慈善事业参与者的范围，通过强化组织领导来推动

公益慈善事业高质量发展。为此，我们应该做好以下三个方面的工作：

一是要全面落实与公益慈善相关的税收优惠政策。对非营利性公益慈善组织、企业和个人，税费减免政策要落实到位。

二是要从源头上为公益慈善事业提供制度保障。要运用好、执行好《中华人民共和国慈善法》《中华人民共和国公益事业捐赠法》《中华人民共和国红十字会法》《中华人民共和国民法典》以及《社会团体登记管理条例》等，使公益慈善事业有法可依。

三是健全综合管理体系。要健全以一个组织（中华慈善总会）为主干的组织体系，建强一支队伍（志愿者队伍），完善一个机制（捐赠方和政府部门协调联动机制），发挥一个作用（政府部门对公益慈善行业的监督管理作用）。

第四节　共同富裕是社会进步的主旋律

人们在社会发展的不同时期有不同的需求。改革开放初期，我国经济落后，人们的生活水平相当低，为了推动经济发展，邓小平同志大胆提出了“让一部分人先富起来”，这是符合当时我国经济发展水平和我国实情的。如今我国的经济条件已大为改善，无论是经济总量还是经济质量都已有了质的飞跃。如今，我们的目标是要让富者帮助穷者，实现共同富裕。

一、共同富裕是中国特色社会主义的本质要求

共同富裕是中国特色社会主义的本质要求。

第一，对共同富裕的追求符合马克思主义实现人类解放、促进个体自由全面发展的愿望。为此，我们要大力发展生产力，创造更多、更丰富、更符合人民需求的产品，以满足人民对美好生活的向往；要逐步消除工农之间、城乡之间、脑力劳动与体力劳动之间的收入差距，共同奔向小康。

第二，共同富裕是中国人民自古以来的梦想。我国的先哲、先贤们很早以前就提出了“大道之行也，天下为公”的大同思想，后来又多次对大同思想进行重新设计和实践，这充分反映了中华民族对繁荣、富裕、公平、平等社会的追求和向往。

第三，共同富裕是中国共产党“全心全意为人民服务”根本宗旨的体现。全心全意为人民服务的重要内容之一就是要努力实现全体人民的共同愿望——共同富裕。党所从事、所推进的事业必须符合人民

的意愿，秉持以人民为中心的发展理念，共同富裕毫无疑问是我们党要坚决实现的事业。我党对共同富裕的追求是一以贯之的：以毛泽东同志为代表的第一代领导集体提出了要把我国建设成为社会主义现代化强国，并推行了一系列政策，如土地政策、公私合营政策等；改革开放后，以邓小平同志为代表的第二代领导集体明确指出，社会主义的本质是解放生产力、发展生产力、消灭剥削、清除两极分化，无论是家庭联产承包制的推行还是国有企业改制重组，实质上都是在朝着共同富裕的目标迈进；中国特色社会主义新时代时期，以习近平同志为代表的第三代领导集体明确提出，中国式现代化是全体人民共同富裕的现代化，是要满足人民对美好生活的向往。

二、共同富裕是社会发展进步的目标

共同富裕与社会发展进步的目标是一致的，具体表现在两者具有以下共同点：一是物质财富比较充裕，能够满足人们的基本生存需要；二是精神财富不断丰富，让人们在心理上得到极大的愉悦；三是控制并逐步消除两极分化。

我们要明确两个概念：

第一，共同富裕是“共同”与“富裕”两者的高度统一，“共同”是“富裕”的范围。共同富裕不是只有一部分人富裕，而是大家都富裕。“共同富裕”就是要消除财富的两极分化和消灭贫穷。

第二，共同富裕既是社会物质文明发达的体现，也是社会精神文明发达的体现。物质是生活的基础，但不是人们生活的全部追求。人们在拥有的物质变得丰裕后，会产生更多的精神享受和追求。

三、共同富裕是经济社会可持续发展的前提

为何说共同富裕是经济社会可持续发展的前提？理由有以下几个：

第一，共同富裕要求限制高收入群体的规模，缩小低收入群体的规模，扩大中等收入群体的规模，而中等收入群体是社会稳定的根基，只有中等收入群体壮大了，社会才会稳定，才能为经济发展营造良好的外部环境。

第二，生产的目的是消费，消费的总量又取决于消费群体的规模和消费能力，也就是说，有消费能力的人群越庞大，消耗的产品就越多，人们持续消费的能力越强，则社会扩大再生产的持续性就越好。如果社会上还存在大量的贫困人口，他们的衣食住行都得不到保障，那么肯定不会有消费和扩大消费的能力及愿望，这个群体越庞大，对生产的负面作用就越大，势必会影响到经济社会的发展。

第三，按照市场经济三要素理论，市场不同主体在市场经济条件下应当是平等的，构成市场主体的参与者必须站在同一条起跑线上。如果社会没有实现共同富裕，那么就意味着社会的人群存在两极分化，市场参与者没有获得公平竞争的机会，这毫无疑问会阻碍市场的发育，阻碍经济发展。

四、着力构建三次分配协调配套的制度体系

人们普遍认为，初次分配靠市场，第二次分配靠政府，第三次分配靠自愿。就我国的情况来看，这么说虽然没有大的原则性问题，但是有些不完整、不全面。

第一，初次分配由生产要素根据市场规则进行分配是有前提的，前提是市场体系已经比较成熟健全，而客观现实是我国的市场体系还处于发育阶段，如果政府不加以规范和约束，那么单凭市场的力量不可能实现完全意义上的公平竞争，分配也不能做到全要素的合理分配。

第二，第二次分配确实需要靠政府通过调节税收、提供社会保障和实现公共服务均等化来尽可能缩小不同人群之间的收入差距，但客观现实是我国不同人群间的收入水平差距仍然很大，许多制度还有待进一步完善。要实现“限制高收入群体的规模，缩小低收入群体的规模，扩大中等收入群体的规模”的目标，仍然有很多工作需要做，还有很长的路要走。

第三，第三次分配靠自愿不假，但也需要政府的引导和监管，需要法律法规的助推。

共同富裕是一项伟大的、系统性的工程，实现共同富裕是一项长期而艰巨的任务，不可能一蹴而就，必须有长期艰苦奋斗的思想准备。国家富裕、人民富裕要有社会财富这一基础条件，要有扎实的农业，完善的工业，全方位的、活跃的第三产业作为支撑，要有完善的政策体系作为保障。我国在经济总量跃升世界第二、人民生活总体实现小康后，经济发展的平衡性、协调性、可持续性明显增强，脱贫攻坚战也取得了历史性的成就，这为我国实现共同富裕奠定了坚实的基础。

进入新时代，我国社会的主要矛盾已经转化为人民日益增长的美好生活需要和不平衡不充分的发展之间的矛盾，经济社会发展要更加注重结构方面的调整，着力于供给侧改革，把发展的注意力从增长速度转向增长质量，使我国从“制造大国”向“制造强国”转型。相应地，共同富裕也有了新的要求，被赋予了新的内涵。

参考文献

[1] 斯密．国富论．唐日松等，译．北京：华夏出版社，2008.

[2] 凯恩斯．就业、利息和货币通论．宋韵声，译．北京：华夏出版社，2005.

[3] 萨伊．政治经济学概论．赵康英等，译．北京：华夏出版社，2014.

[4] 马歇尔．经济学原理．廉运杰，译．北京：华夏出版社，2005.

[5] 李嘉图．政治经济学及赋税原理．周浩，译．北京：华夏出版社，2005.

[6] 克拉克．财富的分配．王翼龙，译．北京：华夏出版社，2008.

[7] 鲍尔．通货膨胀与货币理论．项婷婷，译．北京：华夏出版社，2009.

[8] 康芒斯．制度经济学（上）．赵睿，译．北京：华夏出版社，2009.

[9] 康芒斯．制度经济学（下）．赵睿，译．北京：华夏出版社，2009.

[10] 加尔布雷思．经济学与公共目标．于海生，译．北京：华夏出版社，2010.

[11] 孙国强．全球学．贵阳：贵州人民出版社，2008.

后　记

作为一个初涉经济学领域的爱好者，写此书的目的在于记录对许多社会现象的观察和社会问题的个人思考。经济在发展，社会在进步，专家学者们研究社会问题的步伐也从来没有停止过，研究成果可谓汗牛充栋、浩如烟海。人们孜孜不倦地探索社会问题出现的根源，目的是找到方法去化解社会发展过程中出现的矛盾，力求让社会发展得更好。我也尝试着站在前人铺下的基石上，做一些力所能及的工作。

我在写作本书的过程中得到了中国劳动保障科学研究院院长莫荣、贵州财经大学公共管理学院原院长王飞跃的关心和指导。中国人民大学劳动人事学院博士生导师易定红教授在百忙之中亲自为本书作序，序言高度概括了本书的主题和思想，赋予了本书以画龙点睛的效果。

在本书的写作过程中，我参阅了大量专家学者在社会财富方面的研究成果、理论著作，受篇幅的限制，未能将他们的名字一一列出，在此向他们一并表示感谢。另外，我还要向为本书付梓给予关心和帮助的我校领导、广东经济出版社的易伦副编审等表示衷心的感谢和诚挚的敬意。

由于作者的能力和水平有限，书中难免存在不足之处，在此恳请广大读者批评指正。我将虚心接受各位的宝贵意见，并在今后的研究中注意改进。

刘陈姣

2024 年初夏于贵阳